JN077190

Reaching Resilience:
A Training Manual for Community Wellness

レジリエンスを育む フォーカシング

コミュニティ・エンパワーメントの技法

パトリシア A. オミディアン／ディオニス・グリフィン
ナイナ J. ローレンス／アンナ・ウィルマン［著］

土井晶子／髙橋紀子［監訳］

金子書房

日本語版へのまえがき

　この25年ほどの間，ずっとレジリエンスについて興味を持って取り組んできました。困難に巻き込まれたり，災害に見舞われたりしてもめげない人は，なぜそうできるのだろう，とか，トラウマを抱えて引きこもってしまう人と，前向きに生きている人の違いは何なのだろうとかいうことです。レジリエンスはそもそも教えられるものなのだろうか，とか。

　教えられるのかどうかで言えば，答えはイエスです。ある種のレジリエンスは伸ばすことができます。これまでに，まず状況との関係性（ものの見方）を変化させて，そこから自分や周りの人の生活を変えていくことでレジリエンスを獲得した人々を見てきました。例えば，あるアフガニスタン人の女性はとても不幸でした。貧しくて，4人の子どもを抱えており，さらに次の子どもを妊娠しているのに離婚したばかりでした。彼女は座ってずっとずっと泣き続けました。やがて泣き止んだとき，彼女は人生が何だかましになったような気がしました。自分のことを心配してくれる仲間がいて，一緒にやっていけることが分かったからです。彼女は子どもたちと，生まれてくる子の面倒を見ることができます。実は彼女の夫は薬物中毒で，彼女と子どもを虐待していました。振り返ってみて彼女は，自分がどれだけ自分の人生をその手に取り戻したのかに気づきました。コミュニティ・ウェルネス・フォーカシングを通じて，絶望していた人たちが，少なくとも1つは人生をよくするためにできることがある，いや，1つだけではなくもっとあるんだ，と変わっていくことを，繰り返し目の当たりにしました。

　レジリエンスへの関心は，すぐにフォーカシングとの出会いにつながりました。フォーカシングで，ワークショップの参加者は次の3つのことを体験できるからです。聞いてもらえた感じが持てる，つらい気持ちを何とかすることができる，そして本当の変化がもたらされる。私はジーン・ジェンドリンと，ジェンドリンの素晴らしい配偶者であるメアリ・ヘンドリックス・ジェンドリンと知り合えたことに感謝しています。私が The

International Focusing Institute：TIFI（国際フォーカシング研究所）の理事を3年務めていたあいだ，所長はメアリで，フォーカシング研究所（今は国際フォーカシング研究所）はメアリの手腕によって大きな成長と発展を遂げました。ジーンも関心のあるテーマのことについて，しばしばミーティングに顔を出してくれたものでした。

　ジーンが繰り返し強調したのは，フォーカシングを堅苦しい規則や手順に押し込めないように，ということでした。ジーンは，フォーカシングは常にどのようにでも展開できる可能性に開かれていなければならないとも言っていました。教え方にもいろいろなアプローチを歓迎していました。自分の取り組みについてジーンに話す機会がありましたが，フォーカシングを必要としていながら，いまだフォーカシングを知らない多くの人たちにフォーカシングを届けられる取り組みだ，と非常に興味を示してくれました。ジーンはコミュニティ・ウェルネス・フォーカシングをとても気に入ってくれ，「穏やかな場所」や「ゲストハウス」などのワークを実際に使ってみてもくれました。

　2011年に発生した東日本大震災と15メートルの津波，そして福島第一原子力発電所のメルトダウン以来，多くの日本人がコミュニティ・ウェルネス・フォーカシングを必要としているのではないでしょうか。この危機に際して，日本のフォーカサーが立ち上がったスピードとスキルは素晴らしかったです。よく組織化されている日本のフォーカサーは，コミュニティ・ウェルネス・フォーカシングを350人以上の被災者に伝え，届けることができたのです。さらに，日笠摩子さん（大正大学教授）は同僚の方々と共同で，2014年の日本人間性心理学会においてコミュニティ・ウェルネス・フォーカシングについての発表と自主企画を行ってくださいました。

　日本の皆さんとともに，今後もコミュニティ・ウェルネスを進めていけることをとても光栄に思っています。さらなる発展とご活躍をお祈りしています。

パトリシア・A・オミディアン

日本語版出版に寄せて

　本書の原著『Reaching Resilience』の著者のお一人であるパトリシア・A・オミディアン博士は，2013年に大正大学巣鴨キャンパスにて開催された日本人間性心理学会第32回大会の際に来日され，当大会にてワークショップを実施されました。博士は日本のフォーカシングに携わる人たちとの交流も深い方です。

　私たちは，パトリシア博士のチームが『Reaching Resilience』という書籍を出版されたことを知り，早速読んでみて実に感動しました。

　博士らは，自分たちのプログラムを一方的に現場に提供するのではなく，現地やそこに住む人たちのことをとことん尊重して，その文化や風習を活かすアプローチをされており，その徹底したスタンスは身に沁みるものがありました。

　近年，日本各地で災害が起こり，その度に遠方からの支援者が必要とされる状況の中で，現場が一方的な支援に踏みにじられる場面を私たちは何度も見てきました。いつ，どこで，何が起こるかわからない。そのようなときに，そこのコミュニティを知らない専門家が現場に入る際に大切なことが，『Reaching Resilience』には満載されており，私たちはこの本を，日本のすべての臨床家に届けたいと思いました。

　この本はエッセンスが分かりやすくまとめられていますが，けっしてノウハウ本ではなく，パトリシア博士らの出会いの記録でもあります。何がきっかけで，どういう場所に行って，そして，その中で地域の人たちと語り合いながら，どういうことをやっていったのか，そのプロセスが記述されています。その上で，現場で実践したワークが紹介されているので，臨床家が現場に入ってからどのように支援を行うかの実際がとてもイメージしやすい構成となっています。

　折しも COVID-19 の流行があり，私たちの生活様式も変化を余儀なく

されました。世界全体が不確定で不確実な不安や災難に襲われるという状況となってしまい，本書で紹介されているような実践が全国で求められる事態となり，不安を抱えるコミュニティへのアプローチが今まさに求められていると思います。

　本書の存在がみなさんを支える一冊になることを願っています。

監訳者 土井晶子・髙橋紀子

目　次

日本語版へのまえがき …………………………………………… i

日本語出版に寄せて ……………………………………………… iii

はじめに：パット・オミディアンのこれまで ………………… 1

第1章　レジリエンスと心理社会的健康…………… 4

ワーク1　レジリエンスについてのインタビュー

（ファシリテーター用）　12

第2章　ワークショップの導入とファシリテーション

………………………………………… 14

ワーク2A　ワークショップの導入　19

ワーク2B　希望と不安と　23

ワーク2C　コミュニティの問題は何だろう？　27

ハンドアウト2A：あなた自身について　29

第3章　文化的ニーズと違い………………………… 30

ワーク3　心理社会的ウェルネス　37

ハンドアウト3A：ふつうを定義する　44

ハンドアウト3B：最適なヘルスサービスの三角形　46

第4章　フォーカシング……………………………… 47

ワーク4　静かな場所　54

ハンドアウト4A：静かで安全な場所を描いてみましょう。　62

ハンドアウト4B：フォーカシング #1　63

第5章　レジリエンスの物語 …………………………… 64

ワーク5A　レジリエンスの物語　*68*

ワーク5B　よい逸脱　*70*

　ハンドアウト5A：レジリエンスの物語　*74*

　ハンドアウト5B：よい逸脱　*75*

第6章　内なるゲスト ……………………………………… 76

ワーク6　内なるゲスト　*82*

　ハンドアウト6A：ルーミーの詩　#1「ゲストハウス」　*89*

　ハンドアウト6B：フォーカシング　#2　*90*

　ハンドアウト6C：パットによるリスナーのためのガイド　*91*

第7章　プレゼンス ………………………………………… 94

ワーク7A　プレゼンスを定義する　*100*

ワーク7B　感謝の場所を見つける　*102*

ワーク7C　プレゼンスがあなたの文化にどのようにフィットするでしょうか　*105*

　ハンドアウト7A　ルーミーの詩　#2「私たちが今，持っているこれ」　*106*

第8章　よい聴き手，よい話し手 ………………… 107

ワーク8A　よい聴き手の性質　*112*

ワーク8B　話し手（ディープ・リスニング）　*117*

　ハンドアウト8A：話し手　*120*

　ハンドアウト8B：聴き手　*121*

第9章　ストレスと感情 ………………………………… 122

ワーク9A　乾燥した小枝，生きた小枝　*127*

ワーク9B　ふつうのストレス反応　*130*

ワーク9C　ロールプレイ　*135*

ハンドアウト9A：ストレスの結果　*137*

第10章　内的なバランスを見つける　………　139

ワーク10A　感謝のバランス　*146*

ワーク10B　愛ある教育／しつけ　*149*

第11章　体験型学習／アート　………………　153

ワーク11A　寸劇　*160*

ワーク11B　人形劇　*161*

ワーク11C　セルフポートレート　*162*

ハンドアウト11A：体験型学習　*163*

第12章　評　価　………………………………　166

ハンドアウト12A：トレーナーの評価票　*172*

ハンドアウト12B：参加者の評価票　*173*

あとがき：

フォーカシング・イニシャティブズ・インターナショナルとは？　*174*

はじめに──パット・オミディアンのこれまで

　パトリシア（＝パット）・A・オミディアンは，カリフォルニア大学サンフランシスコ校とバークレー校の共同プログラムで医療人類学の学位を取得。この医療人類学の学びから，パットは健康に対する考え方やアプローチが，文化によってずいぶん異なることを知りました。1992年に大学院を修了したパットは，カリフォルニア州立大学人類学部の専任講師となり，5年間勤務しました。彼女の専門はコミュニティ・メンタルヘルス，そして心理社会的ウェルネスと呼ばれるものです。

　1997年，パットはパキスタンに向かいました。ペシャワル州ペシャワル大学でフルブライトの上級研究員として教えるためでした。任期終了後も，パットはパキスタンにとどまり，アフガニスタン難民とパキスタンのコミュニティを対象としたコミュニティ・メンタルヘルス・プロジェクトのために働くことになりました。2001年に，アフガニスタンの非営利団体である人道支援コーディネーション（Coordination of Humanitarian Assistance）からパットに，メンタルヘルスプログラムを作成して，スタッフの心理的ニーズを支援してほしいとの要請がありました。パットが友人のナイナ・ジョイ・ローレンスに相談すると，ナイナが「フォーカシング」という心理療法のプロセスを導入することを勧めてくれました。この瞬間，パットの教育者としてのスキルと，ナイナのフォーカシングについての基本知識が結合したのです。それはまた，コミュニティ・ウェルネス・アプローチが誕生した瞬間でもありました。

2002年，パットは国際救援委員会[1]の依頼で，アフガニスタンで教員のための研修／コミュニティ・ウェルネス・コースの策定を任せられました。そのときにもフォーカシングがとても役に立ったといいます。そしてダリー語も上達した2004年に，パットはアフガニスタンでアメリカ・フレンズ奉仕団（AFSC）[2]のクウェーカー教徒の事務所を5年にわたって運営しました。クウェーカー教徒は，集団を癒やすことによって平和と和解をもたらそうとします。しかしパットは，その前にまず個人を癒やすことが大事だと考えていました。そしてパットは，このアフガニスタンの事務所で，所属スタッフや関連機関の職員に対してフォーカシングを取り入れ，めざましい成果を上げることができました。スタッフ同士のつながりも，フォーカシングによってもたらされました。財政的な理由からAFSCは2008年にこのアフガニスタンの事務所を閉鎖せざるをえなくなりましたが，当時パットが教えた人々の多くが，自分や周りの人々のこころを癒やすために今もフォーカシングを教え続け，その輪は広がっています。

　パットの評判は，すぐに各地のフォーカシング・トレーナーの耳に入り，エルサルバドルとハイチから，コミュニティ・ウェルネス・フォーカシングを行うためのアドバイスを求められました。そこにはパットのアプローチが他の文化にも適用可能だ，と見抜いた二人の人類学者がいたのです。また，パットの初めてのフォーカシング仲間であるナイナ・ジョイ・ローレンスがオンラインで立ち上げたコミュニティ・ウェルネスのグループは，その後もメーリングリストやオンライン・ミーティングを通じて活発にアイデアを交換し続けています。さらに，当時，国際フォーカシング研究所の所長を務めていたメアリ・ヘンドリックス・ジェンドリンは，フォーカシングとは「人が誰でも持っている，ひろく知られるべきプロセス」であり，パットのアプローチはその本質をとらえている，と述べています。

訳注1）国際救援委員会（IRC）：難民支援のための国際NGO
訳注2）アメリカ・フレンズ奉仕団（AFSC）：1917年，クウェーカー教徒の社会的活動組織として設立された社会奉仕団体。本部はフィラデルフィア。人道援助や社会正義，人権，国際的平和活動のために活動する団体である。1947年にイギリス・フレンズ協議会と共にノーベル平和賞を受賞した。

フォーカシングとは，フォーカシング講座を開いたり，フォーカシング指向心理療法を行ったりする人たちだけを指すものではないのです。

　パットのコミュニティ・ウェルネス・フォーカシングは，今や13カ国に広まっています。日本はもちろん，メキシコや，さらにはリベリアまでもが含まれています。これはつまり，コミュニティ・ウェルネス・フォーカシングが，その国や地域の文化に合わせたかたちでの実施が可能だからなのです。このアプローチをさらに広めるために，パットはメリンダ・ダラーと二人で2014年にフォーカシング・イニシャティブズ・インターナショナル（Focusing Initiatives International）という非営利組織を立ち上げました（あとがき参照）。本書も，この組織の理事会メンバーの協力を得て書かれました。いまやコミュニティ・ウェルネス・プロジェクトは，カナダ，アメリカ，そして中央アジア，南アジア，カリブ海諸国，南米，ガザ地区，日本，ヨーロッパ諸国のコミュニティにおいて大きく発展しています。それぞれのコミュニティ固有の状況にあわせてこのアプローチを展開するために，パットはアドバイスしたり，研修を行ったりと，活動を続けています。

ディオニス・グリフィン

第1章

レジリエンスと心理社会的健康

　私が心理社会的健康に興味を持つようになったのは，カリフォルニアで医療人類学の大学院に通っていたときでした。当時私は，カリフォルニア州にあったアフガニスタン難民のコミュニティで，メンタルヘルスのフィールドワークをしていました。アフガニスタンの人々は，1980年代のソビエト侵攻と占領の時代の経験をいろいろと話してくれました。身の毛のよだつような，打ちのめされるような戦争と拷問の記憶。数ヶ月にわたって聞き取りを行った私は，自分も心身に異常をきたしはじめました。眠れない，悪夢を見る。

　まずは自分を守らなくては，と私は作戦を変更し，「その大変な時期をどうやって乗り越えたのですか」と聞くことにしました。すると，当時引きこもったり怒りをぶつけたりしていた人もいた一方で，落ち着いて冷静で，他の人を助けようとしていた人たちもいたことが分かりました。あのような状況で，レジリエンスを保ち，国から逃げることを可能にしたのは何だったのでしょうか。無気力さと前向きさを分けたのは何だったのでしょうか。敵意と友好を分けたのは何だったのでしょうか。

　このときに感じた疑問が，その後私がアフガニスタンとパキスタンで行う研究の出発点となりました。そして，次の4つの態度が，難民がレジリ

エンスを失わずにいた要因であることが分かりました。

- 大いなる存在を信じる心（このフィールドワークでは，アラーの神）。
- みんなが同じ体験をしている，これは自分だけに向けられた攻撃ではない，という気持ち。
- 未来を信じ，親である自分たちが苦労していても，子どもたちには明るい未来があるのだという気持ち。
- 助け合いの精神，自分よりももっと大変な人がいるんだという意識。

次に浮かんだのは，このレジリエンスを失わないありかたは，アフガニスタンだけでなく，他の地域にも当てはまるのではないか，ということでした。他の文化でも，大変な状況のなかで，レジリエンスを発揮できるような例があるのではないかと。そしてレジリエンスはトレーニングで高めることが可能なのではないか，と。ここから出発した24年の研究の成果が，このワークブックです。

レジリエンスとは？

レジリエンスとは，大変な困難の後であっても立ち直る，というすばらしい能力のことです。戦争のサバイバーや，地震，干ばつ，洪水などの自然災害に見舞われた人が，身体的に元気を取り戻すだけでなく，心の平和を回復できる力のことです。困難な状況を生き延びるためには，何よりもまず食物，水，安全な場所が必要です。しかしこれらの条件が満たされても，ストレスや，コミュニティの分断などによって，心理的に立ち直れなくなることがあります。一方で，同じような状況にあっても，受けるダメージが少ない人もいるのです。

レジリエンスは別名，「心理社会的健康（psychosocial health）」ともいいます。心理的・社会的にうまく適応できている状況のことです。世界には多くの機関があって，危機的な状況における緊急ニーズへの対応を得意としていますが，そういったところも「心理社会的健康」への対策は手薄です。どうしても，水や食物よりも緊急性が低いとみなされがちですし，最初の危機的な状況が落ち着いてくるまでは，その重要性が認識されにくいのです。そして，多くの人々を苦しめるものであるにもかかわらず，ど

こから手をつけていいのかが見えない，つかみどころのない問題であるところがさらに対応を困難にします。

　この問題を難しくしている一因は，対象者が膨大な数にのぼり，そしてしばしば貧困状態にある，ということです。大規模な人数が危機的な事態に陥るとき，例えばリベリアでのエボラ出血熱の大流行などでは，現地の医療体制はパンクします。医療関係者の業務量は限界に達します。傷病者が多数発生するのに加え，それを上回る数の人々が，感染から自分や家族を守るためにはどうしたらいいのか，不安になり，情報を求め，パニックになって殺到するからです。こういったケースでは，低予算で，その地域の担当者がメインで行えるプログラムが必要です。そしてそのプログラムは，他の地域でも簡単にそのまま使えるようでなくてはなりません。そのためには，習得が簡単で，専門家でなくても教えられるプログラムである，ということが重要です。

　私は医療人類学者として，このようなプログラムでは文化差も考慮する必要があると考えました。その地域の文化的な規範と合わなければ，地域住民に受け入れてもらえません。地域コミュニティは，外からの介入をいやがります。「西側」から口出しされている，と感じるからです。時には敵意がむき出しにされ，支援者が追い出されることすらあります。また地域によっては，西側からの技術的支援があっても，それを受け入れるインフラがないために，支援を役立てられないところもあります。多くの文化において，自分たちの問題をよそものに話すことはタブーとされており，そのためにかかわりは拒否されます。そして，多くの非営利団体が初めはうまくいっているように見えても，初期にかかわった人々が去ると，その効果はそこで終わります。初期の熱心な人々がいなくなったら，せっかくのプログラムもうやむやになってしまうのです。

　このワークブックでご紹介するアプローチは，コミュニティの文化に合わせた活動を組み込むことによって，これらの問題を解消しようとするものです。ファシリテーターがその文化ならではの固有のレジリエンスをうまく取り込むことができたら，コミュニティはプログラムを「自分たちのもの」と感じられるようになり，地域のリーダーも，これなら教えてみ

たい，と思うようになるはずです。そうなればしめたもので，「コミュニティ・ウェルネス・フォーカシング」（私たちは自分たちのアプローチをこう呼んでいます）も導入しやすくなります。すでに，最初のトレーナーがいなくなったあとも，予算がつかなくなったあとも，コミュニティ・ウェルネス・フォーカシングが継続したという記録が存在しています。このプログラムを始めるのに大きな予算はいりません。ワークブック代，フリップチャート[3]，マーカー，追加のハンドアウト[4]，そして最初のよいトレーナー，必要なのはそれだけです。

フォーカシング

　心理社会的ウェルネスについて取り上げるときに大事なのは，気持ちにかかわる問題を，どのように効果的にかつ低コストで扱うかということです。前述したように，専門家に対する謝金をまかなえるケースはほとんどありません。また，地域によっては，文化的に，困っていることを表明するのに抵抗を感じる人が多いケースもあります。アフガニスタンの文化では特に，個人情報を開示することはタブーとされています。そんななかで，私は個人の気持ちを扱うのには，フォーカシングが一番であることを発見しました。フォーカシングは，心理療法において30年以上の研究と実践の歴史があり，アメリカ心理学会から5回も表彰されているプロセスです。

　フォーカシングは，幅広く心理的な援助を提供することのできる実際的な方法です。心理学者でありまた哲学者でもあったユージン・ジェンドリン博士によって，フォーカシングは発見されました。フォーカシングは人に備わった自然なプロセスであり，国際フォーカシング研究所やその他の認定フォーカシング・トレーナー[5]によってトレーニングが行われています。現在では，世界中で何千もの人がフォーカシングを行っています。

訳注3）イーゼルのような台木の上に紙を何枚も重ねたもの。1枚書き終わるとめくって次の紙を出すことができる。
　　4）配布資料のこと。
　　5）国際フォーカシング研究所（TIFI）によって認定される資格。一定のトレーニングを受けて認定される。

信頼と守秘，は倫理的に守るべき課題ですが，フォーカシングは，この課題に抵触することなく心理的な問題について深いワークを行うことができます。フォーカシングでは，自分が何をどこまで話すかについて，フォーカサー自身[6] が決めることができます。そして自分の内側からの理解が，癒やしのプロセスにつながっていくのです（https://focusing.org/，また第4章「フォーカシング——静かな場所」を参照）。話す相手が専門家である必要も，内容について詳細に話す必要もありません。話し手は，自分のからだで感じられる内なる知恵に注意を向け，静かで安全な場所から生まれてくる気持ちを，何であれすべてそのまま受け止めます。そして，たとえそれがイヤな気持ちであろうとも，浮かんでくる気持ちをすべて，大切なゲストとして迎えるのです。内側に安全でオープンな場所が感じられたら，そこから解決に至る新しい可能性が開けてくるのが感じられます。そして，自分にとって「ああ，そういうことなんだ」と納得できる新しい小さな一歩が生まれてくるのが分かるでしょう。

　フォーカシングにはもう1つ，聴き手を育てるという側面があります。聴き手は，話し手に耳を傾け，治療的な雰囲気を作り出します。聴き手が学ぶ聴き方は，批判したり意見を言ったりしないで，思いやりのある態度で「ただそこにいる」，という聞き方です。ファシリテーターは，このような聴き方のモデルを，ワークショップでの話し合いでやってみせなければなりません。参加者の発言を分け隔てなく大事に扱い，全員が受け入れてもらった，聴いてもらえたと感じられるようにするのです。そのためには，ファシリテーターがあらかじめフォーカシングを経験しておくことが役に立ちます。幸いなことに，いまやフォーカサーや，国際フォーカシング研究所の認定を受けたフォーカシング・トレーナーが世界各地にいます。そしてレジリエンスを教えるための優れたファシリテーターを生み出しています。

　さて，どのようなトレーニングを受けてきたにしろ，ファシリテーターには次の3つのスキルが必要です。優秀なファシリテーターは，1）会話

訳注6）フォーカシングを行う人のこと。「話し手」に相当する。

ではしばしば「間」を取って，参加者が考えたり，振り返ったりする機会を作ります。このような「間」は，最初は居心地悪く感じるかもしれませんが，結果的にはより多くの情報を引き出すことにつながります。この「間」は単に黙っているという「間」ではなく，コミュニケーションを誘い出すような，待ってくれている，という感じをもたらすような「間」なのです。そしてこの「間」だけでは多くの情報が得られなかった場合，ファシリテーターは，2）参加者の発言を伝え返します。この伝え返しは，ファシリテーターはあなたの発言を聴いていますよ，そしてもっと聴きたいと興味を持っていますよ，ということを示します。自分の発言が誰かに繰り返されたのを聴くと，そのことについてもっといろいろと気づくことがあります。そして最後に，優秀なファシリテーターは，3）温かい，受け入れてくれるような存在感を持っている必要があります。本人がそういうパーソナリティであればベストですが，第7章「プレゼンス」をお読みいただければ参考になるでしょう。しっかりそこにいる，ということは，自分自身の内側の感覚に気づきつつ，同時に話し手の中で起こっている感覚にも，やさしく，批判することなく，注意を向けているということでもあります。オープンな態度を持ち，受け入れる精神を持つということです。

　ここまで，3つのフォーカシング的なスキルについてお話ししてきましたが，フォーカシングの知識が事前に必要というわけではありません。実は，私がフォーカシングを教え始めたとき，どうやってフォーカシングするかは友人から教えてもらっていたものの，正式なトレーニングを受けたことはありませんでした。遠く離れた国際フォーカシング研究所から遠隔指導を受け，また数名のベテランフォーカサーからもアドバイスを受けましたが，それだけです。それでも，このワークブックのもとになったワークショップの多くの参加者が，自分はちゃんとトレーニングしてもらえた，次に進める，と感じて，同じ方法で他の人をトレーニングしています。このことからも，事前のフォーカシング体験が必須ではない，ということがお分かりでしょう。もっとも，ファシリテーターたちは，国際フォーカシング研究所のオンラインコースを受講したこともあります。オンラインですから移動が不要で，費用もあまりかからないからです。フォーカシング

というのは，トレーニングの制度も整った専門的な心理療法です。しかし，同時にフォーカシングはすべての人が日常的に体験しているものであることを強調しておきたいと思います。誰もが子どもの頃から知っているスキルです。ですから，フォーカシングとは，多くの人にとって，すでに自分が持っているものに気づいて，やり方を工夫するだけのことなのです。

このワークブックの使い方

　このワークブックは，実際に現場で教えながら使えるようになっています。困っているコミュニティを支援するためのものですが，同時に，ファシリテーターであるあなた自身が，さまざまな基本思想について理解し，それを導入できるようにするのにも役立ちます。各章のはじめに，活動の背景となる主な基本思想を解説しています。続いて，その原則を実際にはどのように進めていくかが具体的に理解できるよう，エピソードを使って詳述します。最後に，そこで使えるワークを紹介します。このワークは，現場でオープンに話し合いながら，その地域に合うように修正してください。基本思想や原則に沿っていれば，変更は問題ありません。

　これらのワークをいろいろな文化の文脈で使い，これまではうまくいっていますが，みなさんが実際に実施するときには，対象のグループに合わせて「ひねり」を加えたり，調整してください。その際に大事なのは，参加者と原則についてディスカッションを行い，参加者が自分たちに合ったやり方を見つけられるようにすることです。ディスカッションがどのような結果になるのか，オープンな態度で見守り，それぞれのグループがそれぞれの方法を見つけられるようにしましょう。参加者は，お互いに何が大事で，何がそうでないかを教え合うようになります。そして，心理社会的健康のために，自分たちには何が必要なのかをあなたに教えてくれるでしょう。

　とにかく柔軟な態度を持つようにしてください。文化が違うからということもありますが，何より参加者の多様性に対応できるようにするためです。参加者は，トラウマを受けていて，また世界には自分たちが知っているやり方以外にもいろいろな方法がある，ということを知らない人たちか

もしれません。別の回では，援助者，教師，その他の教育関係者を対象にすることがあるかもしれません。人数がとても多いこともあれば，3，4人しかいないときもあるでしょう。使える時間もおそらく毎回違います。数日間のワークショップのこともあれば，夕方に1回だけのこともあるでしょう。

　このワークブックのワークは，いちおうは順序立てで構成していますが，参加者のニーズや使える時間の長さにあわせて変更してください。実際，私も毎回違う順番でやっています。また，多くのワークは複数のセクションで構成されていますから，そこから抜粋して使うこともできます。将来的には，アフガニスタンやパキスタン，ガザでのように，それぞれの文化ごとに，それぞれの価値観を反映したワークブックが作成されればいいなと思っています。それぞれの地域がレジリエンスを伸ばすために，コミュニティ・ウェルネス・フォーカシングをぜひ役立ててください。

＊＊＊

もっと知りたい人のために

フォーカシング・イニシャティブズ・インターナショナル（Focusing Initiatives International）
　https://focusinginternational.org/

国際フォーカシング研究所（The International Focusing Institute）
　https://focusing.org/
＊フォーカシング・トレーナーをお探しの際には，「Find a Certified Focusing Professional」から一覧を見ることができます。

ワーク1　レジリエンスについてのインタビュー（ファシリテーター用）

　ワークショップが始まる前に時間が取れそうであれば，現地の人にインタビューしてみるとよいでしょう。インタビューすることは傾聴の練習になりますし，現地の人がどのように災害に対応してきたのかを知ることは，ワークショップで何を教えればいいかを考える材料になります。レジリエンスを示している人を探してください。現地の非営利団体に問い合わせれば，被災後の状況の中でもたくましく生活している人たちを紹介してくれるでしょう。非営利団体に問い合わせるときにする質問はこの2つです。

1．この状況で，意外なくらい楽しく元気にしている人，落ち着いている人をご存じですか？
2．その人はどうしてそうなんでしょう？

　大変な状況でも元気にやっている人を見つけたら，実際に話を聞いてみましょう。現地の人に尋ねることで，現場の問題をどのように解決していくかという例を知ることにつながります。ここで聞いた情報は，実際にワークショップをする際に役立ちます。

インタビューの例

質問者（Q）：（組織名）から，○○さんがこの状況でも元気でやっていらっしゃるとお聞きして。

回答者（CM：現地の人）：どうなんでしょう。そう言われたりもしますけど，別に，ふつうにやってるだけですよ。

Q：（ちょっと間をとる。ポイントになる表現を繰り返します）ふつうにやってるだけ？

CM：お祈り用のマットを持っているので，日に何度もお祈りしていますけど。

Q：（長めの間をとる。うなずくが，何も言わないでおく）

CM：家族のために祈ったり，友だちのために祈ったりしますよ。

Q：（ポイントになる内容を繰り返す）ああ，みんなのためにお祈りされるんですね。

CM：いえいえ，みんなのためじゃないですよ。大変な目にあっている人にだけ。みんな今大変ですよね。大変な状況をたくさん見てきました。

Q：（長く間をとる。共感的にうなずく）

CM：いいことについて考えないと。

Q：（繰り返す）いいこと？

CM：お祈りするときは，ありがたいな，って思うことについて神様に感謝するんですよ。頭の上にちゃんと屋根がある，とか，昨日は全然言い争いをしなくてよかったな，とか——そう，けんかがなかった！　それってすごくいいことですよね。

Q：（繰り返す）言い争いなし！　それは本当にすごいですね。（純粋に興味を示しながら）でももし，けんかが起こった場合には，どうするんですか？　（などの質問をする）

第2章

ワークショップの導入と
ファシリテーション

　ワークショップでは，その導入の時点から，温かい，入りやすい雰囲気を作りましょう。もちろん，このコースの目的や，どんなふうに進めていきたいかなどの具体的な話をする必要はありますが，そういうことも，「あ，受け入れてくれるんだな」と感じさせるような雰囲気の中で説明する必要があります。フォーカシング的でオープンな態度を取り，全員の話を聞くつもりがあることを伝え，そしてあなた自身の気持ちについても正直になるようにしましょう。

　ある意味では，参加者がお互いから学びあえる設定を作るというのがあなたの仕事です。参加者に分かってもらうべきことは，自分が厳しい状況に直面したとき，そのことをどう乗り切るかをもっともよく知っているのは自分自身だということ，そして参加者は，すでに自分たちのコミュニティの課題について，多くの解決法を見出してきたのだということです。ワークショップを進めるにあたって，いくつかルールが必要になることもありますが，そのルールも参加者に決めてもらうのがベストです。ワークショップが進むにつれ，参加者は希望と不安（ワーク2B参照）について語り出しますが，ファシリテーターの仕事は，ワークショップのクラスが安全な場所として感じられるよう維持することです。

それでは，参加者が自分たちで解決策を見つけられるようにするには，どのようにすればいいのでしょうか。私は人類学者ですが，何の目標も，何のテーマも持たないこと，ただ鉛筆とノートだけを持ってコミュニティに入っていくという，それだけのことが大きな力になることを，これまでの経験から学びました。現地の人々の話を聴き，それを書き留める。しかしもちろん，あなたが人類学者である必要はありません。現地の人たちの言葉に，虚心坦懐に耳を傾けていれば，誰もがそこから宝物を発見できるでしょう。

　また，グループでのプロセスを促進するための方法として，「ダイナミック・ファシリテーション（Dynamic Facilitation : DF）」という手法があります。これは，何らかの問題を解決すべく集まったグループをリードしていくための方法です。簡単に説明すると，まず，ファシリテーターはメンバーに，すでに分かっていることは何かを話してもらいます。ここでダイナミック・ファシリテーションについて詳細に説明する紙幅はありませんが，次に挙げる例をお読みいただければ，私がダイナミック・ファシリテーションの原理をどのように活用しているかが理解しやすいのではないかと思います。本章の最後に，参考文献もあげておきます。

　2014年に，メキシコのモンテッソーリ・スクールから問題があるとの依頼を受けて，彼の地に向かいました。教員間の対立があり，それが子どもたちにも影響を及ぼし始めているとのことでした。スペイン語は分からないし，そこでの問題についても詳しいわけではなかったのですが，この問題を解決するためにダイナミック・ファシリテーションを使うことにしました。

　3週のあいだ，先生方とは3回会いました。さらに，この状況について一番ネガティブな気持ちを抱いている先生とは，私の同僚のフォーカサーであるチンチャとともに，個人的に2回面談しました。2回目にフォーカシングのセッションをしたところ，この先生は「フォーカシング」について，また学校の今後について，前向きな感情を持ち始めました。その後，グループでのミーティングを行い，そこで私は自己紹介をし，メキシコからの同僚のフォーカサーを紹介し，何について取り組みたいのか聞いてみ

ました。チンチャは全員の不安をリストにして，フリップチャートにまとめました。私の方からは，先生方に，次のミーティングまでに，学校の将来についてのビジョンについて書いて持ってきてほしいとお願いしました。

　3時間にわたった2度目のミーティングでは，フォーカシングとダイナミック・ファシリテーションを使いました。先生方には自分たちの書いたものを読み合ってもらい，学校の将来についてのビジョンについて話し合ってもらいました。なんと，驚いたことに先生方の考えているビジョンは，全員まったく同じでした。次にフォーカシングを使って，今のこの問題の状況について，内側ではどう感じているのかを，一人一人感じてもらいました。少し時間をとり，目を閉じて，お互いが共通して抱いているビジョンに向かうのを邪魔しているのは何だろう，と問いかけてもらいました。そして，浮かんできたことをまたフリップチャートに全部，書き出していきました。

　このリストから，何に集中して取り組むか，という目標が選ばれました。書き出してみると，障害になっているものの大半が，教員同士のコミュニケーションにまつわるものだということがはっきりしたので，それが目標として選ばれることとなりました。ある先生は，「ちょっと先走りすぎたかも」と，自分をいらいらさせるものすべてのリストを見せてくれましたが，そのリストに挙げられていた内容を公表するのは控えてもらいました。

　私はそれまでチンチャにダイナミック・ファシリテーションをコーチしていたのですが，この先生たちとのミーティングの時点ではチンチャは私に頼ったり私のために通訳をしたりすることなく，自分でスペイン語でグループを進められるようになっていました。なので私は彼女に任せて後ろに控えていました。訳してもらわなくても，ボディ・ランゲージで何が起こっているのかは分かるからです。私がチンチャに出した指示は，参加者に，グループの別のメンバーに直接話しかけず，チンチャにのみ話すようにさせることです。これがポイントです。こうすることで，話が誰かに直接向けられることがなくなり，必ずすべてがファシリテーターに向けられることになります。

　チンチャは，｜私の受け取り方であってる？　何かもっと言いたいこと

はある？　あなたの言いたいことはこういうことかな？」という問いかけが上手でした。こう言ってもらえるので，全員が言いたいことが言えた，ちゃんと聞いてもらえた，という実感を持つことができました。これももう１つの大事なポイントです。ファシリテーターは，全員がちゃんと聞いてもらえたと感じているかどうか，確認しなければなりません。この話し合いの最後に，参加者一人ずつに，問題を解決するにはどうしたらよいと思ったか，について話してもらいました。出された解決策を，私たちは紙を変えて書き出しました。これが３つめの大事なポイントです。どのような場合であれ，必ず解決策を出すことです。

　最後は，本当にフェルトシフト[7]が起こりました。先生たちは自分たちが考えた解決策に満足でした。意見は一致していましたし，解決策の中にはすでにもう始まっているものもありました。なぜなら，先生たちはお互いに話し始めていたからです。私にスペイン語がしゃべれないことも，モンテッソーリ・スクールについて何も知らないことも，問題の具体的内容を知らないことも，関係ありませんでした。チンチャと私が取り組んだのは，全員が参加するダイナミックなディスカッションの場を作る，ということだったからです。このプロセスは一見，簡単で手軽なように思えるかもしれませんが，実際のファシリテーションにあたってはいろいろなスキルと工夫が必要です。

　まず大事な点は，先生たちがお互いから学び合い，問題について話し合うという状況を作ったことです。一人一人がどう感じているかを話せる雰囲気を作れるように心がけました。また，理解してもらった，と感じられるよう時間を確保しました。すると，先生たちはお互いに共通する目標を設定し，自分たちで解決策を提案してくれました。私たちの仕事は，自分の内側で起こってくる気持ちに注意しながら丁寧に聴き，受け入れる態度をとり続けるというフォーカシング的態度のモデルを示すことで，参加者がフォーカシング的に関われるよう支援したことです。

訳注7）フォーカシングにおいて，何となく感じていた感覚が変化し，「そういうことだったんだ」と新しい気づきや展開が生じること。

あなたが自分のワークショップを導入する際（ワーク2A）には，フォーカシング的態度について説明してください。フォーカシング的態度とは何なのか，そしてお互いのためにそれをどうやって使うのか，ということについては解説が必要です。

　それから，次のワークのうち1つを選んで実施します。

1）「希望と不安と」このワークには，クラスでのルールを決めることも含まれます。

2）「コミュニティの問題は何だろう？」これは専門家グループの専門知識を評価するためのものです。

　どちらを選ぶかですが，それは危機に瀕している現場の人たちを対象とするのか，それとも危機に瀕している現場にかかわる専門家を対象とするのかによって決まってきます。どちらのワークにおいても，ダイナミック・ファシリテーションの基本的な要素を実践の中で使うことが求められます。

＊＊＊

さらに知りたい人のために

From Conflict to Creative Collaboration: A User's Guide to Dynamic Facilitation, Roza Zubizzaretta, Two Harbors Press, Minneapolis, MN. 2014（未訳）

ワーク2A　ワークショップの導入

用意するもの：名札（なくてもよい），フリップチャート，マーカー。専門家グループの場合はハンドアウト2A（本章の最後にあります）。もしコースの目的を書いたハンドアウトがあればそれを用意。参加者には感じたことやクラスの印象を書くためのノートを持参してもらうとよいでしょう。

時間：30分

$$* * *$$

A：あいさつ

　参加者を出迎え，トレーナーもしくはファシリテーターとして自己紹介しましょう。フォーカシングや，コミュニティ・ウェルネスと自分自身との関わりについて，簡単に話してください。そして，フォーカシングは決して「西側の」考え方ではなく，ひとに自然に備わっている能力であって，よいファシリテーターのもとで伸ばすことができるものだということを伝えてください。フォーカシングによって，自分自身やお互いについて，しっかり聴くことができるようになること，そして，それは心理的な成長や社会的なつながりを促進することができるということを話します。フォーカシングによって参加者は自分の気持ちと安全にかかわり，そこから癒やしを得ることができます。この時点では，「フォーカシングについてのもっと詳しい説明は後にします」と言うのにとどめます。この段階で参加者に理解してもらうのは，フォーカシングというのは傾聴と受容のためのものなのだ，ということです。

トレーナーへの注意

　自分の話をするときには，なるべく自分の内側の感じにもとづいて話すようにしましょう。そうすることで，フォーカシングや内なるからだの知

恵について，あなた自身がモデルとなって示すことができます。

　そのほか，進め方についての説明も必要です。

　a)　何時に始めて何時に終わるのか

　b)　このワークショップは何日間か

　c)　食事やその他の休憩時間のときはどうするか

　d)　グループにどの程度の参加を求めるか

Ｂ：イントロダクション

　ファシリテーターも参加者も，一人一言か二言で自己紹介をしましょう。全員に話すチャンスが与えられるようにします。名札をつけてもらってもいいですね。お互いの名前が分かるとグループの雰囲気がリラックスします。自己紹介は楽しいものにしましょう。心理的健康にはすべての感情が含まれますが，何といっても笑いは重要です。

　自己紹介を楽しくするための工夫をいくつか紹介します。

- 小グループで，全員が部屋を歩き回りながら，お互いに自己紹介する。その際，「みんなは知らないだろうけど実は自分は」ということを1つ話すようにしてもらう。例えば，実は小説を書くのが好きだ，とか日本食が好きだ，など。

- 可能であれば，韻を踏んで名前を紹介してもらう。例えば，チェリーみたいに真っ赤なメアリーです，など。

- 手を叩くゲーム。例えば，「(叩いて，叩いて) パットです」グループは「(叩いて，叩いて) パットさんです」「(叩いて，叩いて) バーバラです」グループは「(叩いて，叩いて) バーバラさんです」というように続けていきます。

- ペアでお互いに自己紹介し，少し自分のことを話します。その後，グループ全体に自分のペアの相手の名前を紹介します。

- 50人以上の大きなグループの場合，知らない相手を見つけて自己紹介してもらいます。その後，その二人がペアになり，知らないペアを見つけて自分たちの自己紹介をして，今度は4人組になります。次に，この4人は，別の4人組を見つけて自己紹介します。こうすると，最

低8人はお互い同士を知っている，という状態が作れます。

C：コースの目的

コースの目的と，コースの概要を説明しましょう。ハンドアウトを用意してもいいですね。どんな目的になるのかはワークショップによって違ってきますが，以下のようなものが共通するかもしれません。

- 参加者が，自分たちの文化に合わせたかたちで，コミュニティのレジリエンスと健康を促進するためのスキルを身につけられるようにします。
- 傾聴するためのフォーカシングのスキルを身につけます。自分自身の声を聴き，周りの人の話も聴けるように。
- ポジティブなコーピングスキルを身につけます。これは暴力を減らし，社会のいろいろな場面で生じたストレスとトラウマを和らげるためです。

専門家のグループ用のリストも以下にあげておきます。

このワークショップを受講すると

- フォーカシングのいくつかのスキルが理解でき，他の人に伝えられるようになります。
- 対象とするコミュニティにとって，何が健康的でふつうの状態なのかを理解できるようになります。
- メンタルヘルスにおけるレジリエンスの役割について理解できるようになります。
- ワークショップで学んだことを，他の人に伝えられるようになります。

D：ファシリテーターとしてすべきこと

ファシリテーターとしての自分の役割を説明しましょう。あなたは参加者の心理社会的健康についての専門家ではないけれども，自分のスキルを

参加者に伝えるつもりであること，同時に参加者自身が持っている専門的な知識をこの場で提供してくれることを期待していること，などを伝えましょう。ファシリテーターとしての役割は，フォーカシング的態度のモデルとなること，フォーカシング的態度を教えることで，参加者が話しやすくなるよう促し，理解してもらえたと感じるようにすることです。

　さらにまた，コースの途中では，参加者に自分のニーズに従って行動してよいと伝えましょう。例えば，トイレに行きたければ中座してよいし，自分の中にちょっとつらいな，という気持ちが出てきたら休憩したり，少しリラックスする時間をとったり，あるいはちょっと昼寝をしたりしてもよい，などです。

ワーク2B 希望と不安と

目標：参加者がこのコースについての不安を分かち合って，怖い気分を和らげること。また，参加者からのフィードバックを得て，ニーズを汲み上げ，全員が安全を感じられる場となるよう，協同してルールを作るなど，ファシリテーターがワークショップをカスタマイズできるようにすること。このワークショップの対象は，一般の参加者です。

用意するもの：模造紙，マーカー，テープ

時間：30分（ペアワーク10分，フィードバック20分）

＊＊＊

　まず初めに，模造紙2枚をテープで壁にとめます。片方に「希望」，もう一方に「不安」と書きます。代わりに，「やりたいこと」「やりたくないこと」でもよいでしょう。

　グループをペアに分けます。ペアになったら，このコースについて自分たちが望んでいることは何か，またもし不安に思っていることがあればそれは何か，を話し合ってもらいます。このワークショップは感情についてのものですから，参加者には今，感じている実際の不安や心配についても語ってもらうようにしましょう。例えば，次のような例を説明してもよいですね。

- 自分の気持ちをみんなの前で発表しないといけないのでは，と心配。
- 嫌なことについて考えたくない。
- 自分の問題を他の人に知られたくない。

　今，希望していることについても，例を挙げてもよいですね。

- 夜，もっとよく眠れるようになる方法が学べたら嬉しい。
- 仕事をもっとうまくできるようになりたい。

10分経ったら，各ペアに「希望」を１つずつ発表してもらいます。模造紙に書きましょう。すべてのペアが発表し終わったら，書き出されたもの以外にも何かないか聞いてみましょう。

　次に，「不安」についても同様にペアから１つずつ発表してもらい，もう一枚の模造紙に書き出します。追加したい「不安」がないかどうか，聞いてみます。不安や心配について発表していると，グループ内でこの不安にはこう対処すればいいのでは？　というような話し合いが起こってきたりします。

　希望のリストを見ながら，フォーカシングがどのように役立てられるか説明してください。

　不安のリストを見ながら，お互いが安心して進めていくための注意点について説明しましょう。

　ルールのリストを作ります。例えば以下のような感じになります。

- どのくらい話すかは，自分自身で決める。
- ここで話されたことは，ここだけに留め，秘密を守る。フォーカシングでは，何についてのことなのか，は質問しない。
- フォーカシングでは，何を話すかなどはその人が決める。話しても大丈夫と感じられることだけを話すようにする。
- 全員が参加することが大事。フォーカシングは受け入れることについてのものなので，自分自身を，そしてお互いを受け入れる態度を学ぼう。

　心理的な，また心理社会的なプログラムでは，守秘義務が大切であることを強調してください。守秘義務とは，誰かが語ったことについて，口外しないということです。どんなプロセスだったかや，ワークについて話すのは構いませんが，誰かの人生について口外したり，詮索したりしてはいけません。

　ルールが決まったら，次のようにリストをまとめて壁に貼っておきましょう。

トレーナーへの注意

　希望や不安についての話を聞くときには，ゆっくり時間をとって，フォーカシングの「聴き手」としての役割を取ってみましょう。話されるイメージや気持ちについて伝え返し，もっと話したいかどうか相手が自分の内側に確認できるように間をとる，というフォーカシング的な聴き方のモデルを示してみるとよいですね。

例：

　ワークショップ参加者：このワークショップから，何か使えるものが持って帰れたらいいなあと思うんです。でも，これまで出た他のワークショップのように，終わった後に仕事とか生活とかに使えそうなものが残らないで終わるんじゃないか，っていうのが不安です。

　トレーナー：参加しても役に立たないかもしれない，って不安なんですね。でも，仕事や生活に役立てられるような何かを，今回は持って帰りたい，って思っている（間をとる）。

　参加者：そうですね，例えば来週にはすぐ実際に使える，というような何かを学びたいですね。

　ダイナミック・ファシリテーションは，グループにおけるフォーカシングのようなものだと思います。一人でフォーカシングをするとき，あなた

は自分の中のすべてを同じように大事にして，どれについても丁寧に耳を傾けようとするのではないでしょうか。

　ダイナミック・ファシリテーションを行うときも同じで，すべての参加者を同じように大事にして，どの人の話も丁寧に聴きます。このような態度をあなたがグループの中で取り続けることで，参加者もお互いに同じような態度を取りやすくなっていくのです。

ワーク2C　コミュニティの問題は何だろう？

目標：コミュニティの問題については，参加者こそが専門家なのだということを理解してもらえるよう支援します。また，ファシリテーターは参加者の専門性を理解し，その彼らの専門性にもとづいてコースをオーダーメイドします。このワークは，援助者，教師，NGOなど専門家を対象としたワークショップ向けです。

用意するもの：フリップチャート，マーカー，参加者用のハンドアウト

時間：30分

＊＊＊

ディスカッション

　コミュニティがどんな問題や課題を抱えているか，参加者に出し合ってもらいます。出てきたものをフリップチャートに書き出します。

　ファシリテーターは，ディスカッションの司会を務め，どんなアイデアもブレインストーミング的に（ブレインストーミングについては，第11章を参照）出してもらい，それを受け入れ，グループの雰囲気を温め，話しやすくなるようにします。

　ここでは，発言をすべて受け入れ，余計なコメントや批判を挟むことなく書きとめていくことが大事です。参加者は，例えば戦争などの共通の問題について，喜んで話してくれるでしょう。グループでは個人的な質問をするのは避けましょう。でも，自分から個人的な話をする人がいてもOKです。そのときはゆっくり聴きましょう。

トレーナーへの注意

　このプロセスによって，グループのメンバーは，自分たちが多くの知識を持っていること，それをシェアできることに気づきます。このワークで

は，参加者に問題を挙げてもらいますが，決して解決策を聞いてはいけません。解決策は，ワークショップのその後の時間で，参加者と共に発見していくものだからです。ワークショップの最後に，この問題のリストをもう一度見せて，何か解決策として思いつくものがあるかどうか，聞いてみてもよいでしょう。

ハンドアウト2A：あなた自身について

1.	コミュニティで問題だと思うことを挙げてください。	
2.	コミュニティで，あなたはどんな仕事をしていますか。	
3.	このプログラムで学びたいことは何ですか。	
4.	持ち帰ったことを，どのように周りに伝えたいと思いますか。	
5.	仕事での職位と，経験年数を教えてください。	
6.	ワークショップをファシリテーションしたことはありますか。「あり」の場合は，どのような内容についてのものでしたか。	

第3章

文化的ニーズと違い

　1997年，私はパキスタンのペシャワルにある大学に教えに行きました。
ペシャワルの文化について多少の知識はありましたが，戦争によるトラ
ウマの影響についてはまったく心の準備ができていませんでした。男た
ち，女たち，子どもたち——アフガニスタンとソビエト連邦との30年戦
争からの難民です——は，山脈の境界線から入ってきていました。アフガ
ン人たちは私に，国じゅうで繰り広げられた，土地や政治をめぐる血の争
いで死んだ家族について，そして政治闘争や不意の攻撃や爆発で殺された
り，失踪したりした父や祖父たちについて語ってくれました。戦争のない
暮らしを思い出せたのはごく少数の人々だけでした。誰もが死のこと，家
や生活を失ったことについて，語るべきトラウマの物語を抱えていました。
　ペシャワルでは，いたるところに毛布製の手作りテントやロープに吊り
下げられた防水シートを見ることができました。親たちは家族の基本的
ニーズを満たし，子どもたちが安全に健やかでいられる方法を見出そうと
必死でした。幸いなことに，キャンプや都市部では学校を使うことがで
きました。例えば，国際救援委員会（International Rescue Committee：
IRC）は多数の女子校を維持していましたが，しかし，教師たちは子ども
たちの心理社会的ニーズに応えられるような訓練は受けていませんでした。

そのうえ教師たちも難民でしたから，彼らは彼らで心理社会的な問題を抱えていたのです。

　私はカリフォルニア州でアフガニスタン難民のために働いていたので，自分はここで教師の心理社会的な健康をケアできると思いました。そこで一人の同僚と一緒に，トラウマの陰に隠れているはずのレジリエンスを見つけようと，アフガンの伝承と文献を探しました。これからここで行うトレーニングが，地域の価値観と融合し，コミュニティそれ自体の治癒力につながっていってほしいと思っていました。なぜなら私たちは，専門的な知見や外部からの解決策を押し付けるより，コミュニティが持っている専門性を活用した方が，参加者の最大限の力となること，またコミュニティ・ウェルネスへの扉を開くことを知っていたからです。

　参加者は，自分自身のスキルをワークショップに持ち寄り，自分たちのコミュニティに特化した，自分たちで実施できるトラウマ回復クラスを開発しました。のちに，アフガニスタンでは，献身的なリーダーのチームが毎年，８人の学生インターンの研修を行い，そのインターンが学校に送り込まれ，教員にコミュニティ・ウェルネスなどの心理社会的科目を教えました。インターン１人につき，約200人の教師を教えたため，合計で毎年1,600人の教師が受講しました。さらにこれらの献身的なリーダーは，コミュニティ単位でワークショップを実施し，2004年から2009年までの間に６つの州で3,000人もの民間人を教育しました。いまでもこうした多くの継続中のプロジェクトから報告を受け取っていますが，なかには資金援助が止まってしまっても継続しているプロジェクトもあります。

　次に掲げたのは世界保健機関（WHO）によって用いられている図で，メンタルヘルスサービスの５つの次元を示しています。この図を見ると，私たちがペシャワルで実施したワークショップの重要性が分かります。心理社会的ワークショップは，この図のピラミッドの最下層に位置する多くの人々まで届きます。また心理社会的ワークショップは手ごろで，非専門家が簡単に教えることが可能です（コピーして使えるよう，この三角形の図は本章末尾にもハンドアウト３Ｂとして掲げておきます）。

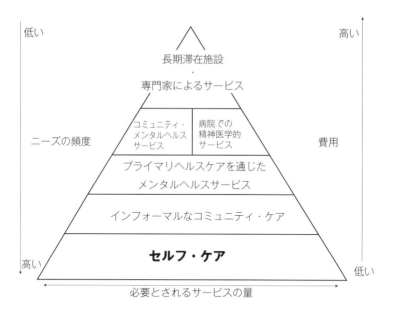

異なるメンタルヘルスサービスの最適ミックス（WHO, 2003）

　このWHOのピラミッドの上に行くに従って，メンタルヘルスサービス
の費用は上がっていきますが（右側の垂直矢印），そのサービスの対象者
は少なくなります（左側の垂直矢印）。ピラミッドの底辺にいる多くの人
たちには，利用できるサービスが低価格，あるいは無償のものしかありま
せんから，所属するコミュニティか，自分たちを頼りにせざるを得ません。
　身体的な医療サービスのピラミッドは，メンタルヘルスのピラミッドに
似ています。ピラミッドの底辺にいる多くの人は，自分でケアするか，イ
ンフォーマルな援助を受けるしかありません。例えば，ふつうの風邪の場
合，世界の多くの人は，薬を買いに行くことができません。交通手段すら
ない人もいるでしょう。友人か家族ぐらいしか助けてくれる人はいないで
しょうし，それも家にあるものでの治療になるでしょう。
　風邪に苦しむより少数の，とは言えかなりの数にのぼる集団は，薬局で

風邪薬を購入できます。メンタルヘルスやストレス低減のために，ヨガを学んだり，祈りのグループに加わったり，無料のセルフヘルプ教室を受講したりする人もいるでしょう。それでもこうしたサービスにさえアクセスできる人はごく限られているのです。

　その次の層では，地域のクリニックでサービスを受けられる人たちがいます。これがプライマリヘルスケア（Primary Health Care：PHC）[8]です。ここでは投薬が行われたり，メンタルヘルスの訓練を受けた人によるサービスが提供されたりします。もし風邪を引いた人が薬局の薬でもよくならない場合，クリニックや医師のところで治療を受けられます。メンタルヘルスの問題であれば，メンタルヘルスクリニックに行くことができます。それでも，世界のほとんどの地域では，こうしたクリニックへアクセスすることは不可能なのです。

　ピラミッドの頂にいる最も小規模な集団は，専門家や精神科医たちから高度に専門的な医療的ケアを受けることができますが，そうした専門家は通常，人口の多い中心部にしかいませんし，治療費も高額です。先ほどの風邪の事例で言えば，風邪が長びいて肺炎になったら，人はケアを求めて病院へ行きます。しかしメンタルヘルスの場合，こうしたサービスの対象となるのはごく少数の人たちだけです。統計的に言えば，最高度の専門家たちは，人口のごく少数のパーセンテージの人だけを対象にしています。一方でWHOの推定によれば，3人に1人は人生でメンタルヘルス面での手助けが必要になるといいます。そう考えれば，ピラミッドの最底辺の個人とコミュニティの次元で何をするのかが，決定的に重要になってくることがお分かりでしょう。

　メンタルヘルスとは，さまざまな病を意味する幅広い用語です。多くの専門家は，心理社会的健康によって重篤なメンタルヘルス問題を阻止できると考えています。この心理社会的健康は，メンタルヘルスよりも限定的な意味を持っています。心理社会的健康とは，社会的に適応したり，友だ

訳注8）すべての人にとって健康を基本的な人権として認め，その達成の過程において，住民の主体的な参加や自己決定権を保障する理念，方法・アプローチ。

ちを見つけたり，地元の人々と親交をあたためる能力です。言い換えれば，どんな規範に対しても，一定の適応ができるということではないでしょうか。そう考えれば，心理社会的健康が文化ごとに違うのはある意味，当然とも言えます。ある土地でふつうとみなされる行動が，別の場所ではつまはじきされることもあるでしょう。この考え方を知ることが，私たちのワークショップの参加者たちにとっては役に立ちました。

　ファシリテーターもまたこのことを理解する必要があります。うまくいく心理社会的ワークショップは，地域文化に訴えかけ，うまくかみ合うように思えます。取り上げられているテーマがその社会に固有の価値観とフィットしているように感じられると，そこで学んだ人々は，それを使ってみたい，他の人にも教えてあげよう，という気持になりやすいです。ワークショップがより多くの人々に届けば届くほど，コミュニティ・ウェルネスを増進させることができます。

　以下のワークは，グループで行うときに，参加者が自分たちの社会の文化的な位置を理解したり，「ふつう」とか「ウェルネス」とは実際に何なのか，という感覚をつかんだりするのに役立つでしょう。何が「ふつうで受け入れられるか」について話すことは，同時に何が「ふつうではなく」，「受け入れ難いか」が語られることでもあります。また参加者は，文化的な逸脱という視点が，特に子どもの心理社会的な葛藤状態を理解するのに役立つと気づきます。例えば，もしアメリカで10歳の子どもが仲間と遊ぶよりも両親と一緒にいたがったら，その子は心理社会的な葛藤を抱えている可能性が高いです。でもその子がもしアブガニスタン難民のなかにいたとしたら，それはふつうだとみなされます。アメリカでは，大人は親と一緒にいたがる子どもに独立するようしむけますが，これがアフガニスタン難民キャンプだと，親と一緒にいることは褒められるべきことなのです。

　ヘールト・ホーフステッドはこの分野での優れた研究者です。彼の文化次元理論は1つの文化を複数の文化次元から分析しようとする理論です。いろいろな文化を，これらの文化次元ごとに比較検討するためのものです。ホーフステッド・センターによれば，文化が価値観を決定し，価値観が行動を決定するのだそうです。そのため行動を適切に理解するには，文化的

な違いを理解することが重要になってくるのです。

役立ちそうな4つのディメンジョンを以下に示します。

1. 集団主義　対　個人主義

1人もしくは2人で暮らすのを好むか，みんなで一緒に暮らすことを好むか，の違いです。アフガンの社会では集団主義が好まれますので，拡大家族で暮らすのはふつうです。アフガン社会では，誰もがグループを大事にします。もし若者が1人で暮らしたいと言えば，それはおかしいと思われます。一方，アメリカでは，まったくそれが逆になります。若者は家族を離れることが期待されますし，また老人も同居せずに自分たちで住むことを好みます。

2. 大きな権力格差　対　小さな権力格差

地位や権力の違いによる上下関係が，どのくらい圧倒的か，の違いです。アフガンの社会では，権力は通常，政府首脳，指導者，親や年長者にある種の特権をもたらします。強い権力を持つ人は，権力のない人に遠慮したりしません。対照的にアメリカでは，権力による近寄りがたさは少なくなります。政府は個々人に平等な権利を与えていますし，個人個人が大事にされます。強い権力を持つ人も，権力を持たない人と簡単に会ったり交流したりしますし，指導者の考えが，あまり権力や影響力を持たない人から反発されたり，拒否されたりすることもよくあります。

3. リスク引き受け　対　リスク回避

結果が不確かなことに対してリスクを引き受け，行動を起こすのか，それとも安全な場所にとどまることを好むのか，の違いです。アフガン社会では，大きな危険をもたらしかねないリスクであっても，それを引き受ける傾向にあります。多くのアフガン難民たちは危険な山脈を越えて旅をしてきました。他方，アメリカにおいては，安全であることが最も重要で，安全を守るために作られた規則がたくさんあります。

4. 情動を表現　対　情動の抑制

自由な情動表現が評価されるか，それとも情動を制御することが評価されるか，の違いです。アフガン文化では，自らの情動を制することが評価されます。しばしば自分の気持ち，特に負の感情は露わにされませ

ん。例えば，涙は見せないようにするでしょう。例外的に，男性が怒り
を露わにすることは受け入れられます。別の社会では，気持ちは変化す
るものだとみなされ，情動表現が奨励されるので，気持ちを表現したり，
自分の問題についてオープンに語ったりします。怒りや涙を見せ，自由
にお互いをハグしたりします。

　ここで気をつけてほしいのは，これが「ふつう」だと言えるものなどな
いということです。誰かが涙を隠したり隠さなかったりするのが「おかし
い」わけではありません。集団で暮らすことも１人で暮らすこともおかし
くありません。ワークショップで起こるディスカションでは，そのグルー
プの文化的規範について取り上げなければなりません。例えば，参加者は，
ストレスを受けた子どもに気づくのは，誰にでもできる簡単なことだと
思っています。なぜならそういった子どもは，しばしば規範から逸脱する
行動，もしくはその文化の規範から逸脱した行動をするからです。だいた
いはメンバーの誰かが，「ああ，ウチの息子はそうなんだよ！」と言った
り，「私の教室のこの子は急に態度がよくなった。この子と話す必要があ
るね」と言ったりもするでしょうから。

　次に紹介するワークで難しいのは，参加者がしばしば，自分たちの文化
以外を知らなかったりするからです。比較対照することができないのです。
ですので，私は彼らに外国の文化についてのステレオタイプを話しても
らったりします。ですが，民族的な違いについて取り上げることはしませ
ん。「ちょっと気楽な感じのものにしましょう。ボリウッド（ボンベイ）
映画から何か思いつきませんか」と言ったりします。目的は，自分たちに
とって何がふつうかを考えてもらうことです。ディスカッションが「私た
ち vs あいつら」タイプのパターンに陥ることは避けます。彼らの偏見を
変えようとはしてはいけません。変えるのは会話です。

もっと知りたい人のために：
　ホーフステッド・センターの文化的違いについての研究結果については
以下を参照してください。

　https://www.hofstede-insights.com/product/compare-countries/

目標：心理社会的ウェルネスとは何か，ふつうとは何か，を定義することを学びます。自分たちのコミュニティにおいてウェルネスを定義する4つの鍵となる指標を見つけます。

用意するもの：フリップチャート，（もしあれば）4色マーカー，テープ，本章末尾にあるハンドアウト3Aと3Bのコピー（任意）

時間：40分

＊＊＊

ディスカッションと定義

グループ全体で，以下のようなディスカッションを行ってもらいます。
- 「ふつう」とはどういうことですか？
- 「ウェルネス」とはどういうことですか？
- これらは地域や文化，言語によって違う表現がありますか？

短い説明

心理社会的ウェルネスとは，以下の状態を指します。
- 自分の持っているものを，最大限，前向きに活用できる
- 人生の問題やトラウマを前向きに扱える
- 問題が生じても，創造的なやり方でそれを乗り越えられるような柔軟性を持っている

これらについて，ポイントを具体化するために，グループからいくつか事例を出してもらいましょう。その後，文化による違いを明らかにする方法を1つ紹介します，と伝えます。フリップチャートに4本の水平線を引きます。これは4つの異なる文化的ディメンジョンを示すものです。次の図に示すように，それぞれの線が何を意味するかを説明します。

ライン1：集団主義　対　個人主義

集団主義　対　個人主義

集団 ←――――――――――――――――――――――――→ 個人

以下のように説明します

●集団（グループ）主義は

- 生まれたときから，人は集団の一部であり，互いに問題は共有されて
いると考えています。結果も互いに共有されています。

- 集団に合わせることが大事で，問題を自分の集団の外で話すことはあ
りません。

●個人主義は

- 人はみんな個々人の利益を追求するものだと思っています。

- 人に合わせることはそれほど大事ではなく，そもそも不一致や葛藤が
生じるのは当たり前だと思っています。

- 問題はその個人のものであって，他人が影響を受けることはないと
思っています。

ライン２：権力格差大　対　権力格差小

大きな権力格差　対　小さな権力格差

大 ←————————————————————————————→ 小

以下のように説明します

●大きな権力格差とは
- 権力の違いが想定され，受け入れられています。
- 権力には特権がつきものです。
- 権力者には近づけません。
- 権威への異議申し立てはあり得ません。

●小さな権力格差とは
- 権力における違いがあまり受け入れられていません。
- 平等な権利が重要視されています。
- 権力者に近づくことが可能です。
- 反発や異議申し立てが想定されています。

ライン3：リスク引き受け　対　リスク回避

リスク引き受け　対　リスク回避

リスク引き受け　　　　　　　　　　　　　　　　　　　　　リスク回避

$\longleftrightarrow$

以下のように説明します

●リスク引き受けとは

- 状況が不確定なことや，個人にリスクがあることはふつうのこととして受け入れられています。
- オープン・エンドなものが好まれます。

●リスク回避とは

- 明確で予見可能な状況が好まれます。
- 正確な答えと目標が好まれます。

ライン４：情動の制御　対　情動を表現

情動の制御　対　情動を表現

情動の制御   情動を表現

$$\longleftrightarrow$$

以下のように説明します

● 情動の制御とは

- 自分の情動，特にネガティブな情動を見せないのが当然です。
- 自己をコントロールすることが大事だと考えられています。意見が一致しないとき，情動は脇に置いておかれます。
- 涙は受け入れられません。

● 情動を制限とは

- ネガティブなものも含めて，さまざまなレベルの情動を示すのはふつうです。
- 葛藤は，オープンなディスカッションを通じて解決され，そこには多くの情動が伴うことが予想されています。
- 涙は許されます。

ディスカッション

　グループで，自分たちの社会について振り返ってもらいます。何がふつうなのかを理解するのがどうして大切なのかについて，考えてもらいましょう。心理社会的ウェルネスに立ち戻り，社会的に健康であるために，社会のポジティブな側面に注目していくことが大事だということに気づいてもらいます。

質問

　「もし誰かが＿＿＿＿＿（「怒ったり」，「涙を流したり」など情動にかかわる表現を入れてください）したとします。それはふつうだと思いますか？」いろいろな気持ちに関係する言葉をここに入れてみて，それはふつうかどうか確認してみましょう。ジェンダーを変えてみたらどうなるでしょう。そして，どうしてそう思うのかをグループに聞いてください。

　次に，それぞれのラインについて，性別や，年齢別に考えてみます。グループに，自分たちの文化で，男性，女性，男の子，女の子の場合はラインのどこにマークするかを聞いてみましょう。それぞれ，違う色でラインの上にマークしてもらいます。それぞれどこにマークしたかを眺めてみると，そのグループのコミュニティがどのように感じているのか，その傾向が見えてきます。どちらか一方に集中していることもありますし，反対側に寄っているいることもあるでしょう。

トレーナーへの注意

　末尾にハンドアウト（3A）を掲載しています。これはディスカッションが終わるまでは配布しないでください。その方が，参加者は自分たちのやり方で進めていくことができます。参加者が，自分たちの体験をもとに考えることが大事です。このワークに役立つような言葉やフレーズ，地域の伝承や民話について考えてみるよう伝えてください。自分たちの文化でのふつうとは何なのか，を自分たちで見つけてもらうのです。

　こうした基本思想は，特に自分たちの方法しか知らない人たちには理解するのが難しいかもしれません。グループには，十分考える時間をとりま

しょう。もしグループの人数が多い場合には，ディスカッションを3人から5人の少人数グループに分けるようにしてください。15分から20分経ったら戻ってきてもらい，グループの代表に気づいたことをシェアしてもらいます。グループにとって必要なだけの時間をかけて，基本思想を検討してもらいましょう。

　他の文化からの事例を紹介することで，比較につなげることもできます。映画を例にしてもよいですね。その文化について，トレーナー自身の経験を紹介してもいいですが，その際にはいいとか悪いとかの価値判断を加えないようにしてください。私はいつも，彼らが持っている私の側の文化についてのステレオタイプを例に出します。例えば，アフガニスタン人は，子どもが18歳になると家から追い出すアメリカ人の親は，子どもにあまり関心がないのだ，と思っていたりします。どんなことであっても，これが唯一の正解というものはない，ということを忘れないようにしてください。文化は流動的です。同じように，このワークによってもたらされる結果もさまざまです。

ハンドアウト３Ａ：ふつうを定義する

１．何がふつうなのか？：集団主義　対　個人主義
集団主義：
- 生まれたときから，人々は集団に属していて，問題は共有されていると思っている。
- 調和を尊ぶ。家族の問題について，外で話すことはない。

個人主義：
- 人は独立しようとするもので，個人はそれぞれの利益を追求する。
- 問題は個人的であり，他人に影響を及ぼすことはない。
- 集団の調和にはそれほど価値をおかない。

２．何がふつうなのか？：大きな権力格差　対　小さな権力格差
大きな権力格差：
- 権力における違いが想定され，受け入れられている。
- 権力は特権をもたらす。
- 権力者には接近できない。
- 権威は絶対である。

小さな権力格差：
- 権力における違いは受け入れられていない。
- 権利の平等に価値がおかれる。
- 権力者に接近可能。
- 権力は絶対ではない。

３．何がふつうなのか？：リスク回避　対　リスク引き受け
リスク回避：
- 明確で予見可能な状況が好まれる。
- 構造的で正確な答えと目標が好まれる。

リスク引き受け：

- 構造化されていない状況と個人がリスクを負うことがふつうだとして受け入れられている。
- オープン・エンドな目標が好まれる。

4．何がふつうなのか？：情動の制御　対　情動を表現

情動の制御：

- 情動，特にネガティブな情動を表出しない。
- 自己抑制に価値がおかれ，意見が合わない場合も，感情的になることはない。
- 一部の情動表現，例えば泣くことなどは，推奨されない。

情動を表現：

- 情動が表出される。
- ネガティブなものを含めて，さまざまな情動を示すことはふつうである。
- 葛藤を解決するためには，オープンに話し合うことが大事だ。
- 涙は推奨される。

ハンドアウト３B：最適なヘルスサービスの三角形

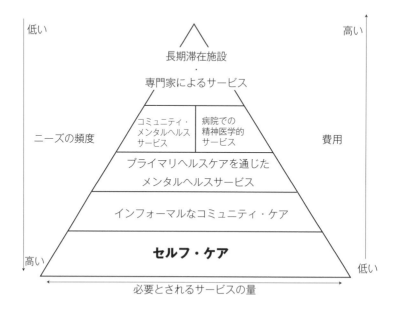

異なるメンタルヘルスサービスの最適ミックス（WHO，2003）

第4章

フォーカシング

——静かな場所

　ここまで，フォーカシングのスキルをいくつか説明してきました。例えば，会話では間をとること，言われたことを伝え返すこと，そして分かってもらえた，とみんなが感じられるようにすること，などです。社会でのやりとりでのこのようなかかわりは，フォーカシング的といえます。もっとも，フォーカシングの本質は，内なるシグナルに気づくことです。私たちがからだの知恵に気づきはじめるときに，フォーカシングはその力を発揮し始めます。この「内側の知恵」は，難しい感情とうまく付き合うために重要です。またこの「内側の知恵」は，私たちを成長や学びにつなげていってくれますし，よい気分をもたらしてくれます。私たちは常日頃，忙しい日々を送っていますが，私たち自身の内側にある知恵を感じるためには，いつもよりもゆっくりとしたペースが必要です。少し時間をとって立ち止まり，話を誰かに伝え返してもらい，自分のからだに注意を向けてみます。すると，ゆっくりと自分の内側の感じにふれることができるようになります。

　フォーカシングは，誰もが生まれながらにして持っている自然なプロセスです。子どもはごく自然にフォーカシングしています。例えば，子どもに，「りんごジュースが飲みたい？」と聞いてみると，その子は部屋の

片隅を見上げて，「あーん」と言うかもしれません。それは，その子がりんごジュースを感じてみているのです。それから床の方を向いて，「うーん」と言うかもしれません。それは，オレンジジュースを感じてみているのです。そんなとき，だいたいの親は「さっさと決めなさい」と子どもを急かします。親は気づいていませんが，それは子どもに，「からだの感覚」による選択を無視させ，「考え」に基づいた決定をさせてしまうことになります。うかつにも，子どもから「からだの内側」の知恵に目を向けるチャンスを奪い，アタマの考えだけで行動するよう教えてしまっているのです。

　このフォーカシングという内なるプロセスは，心理学の世界で再発見されました。それは，シカゴ大学の哲学者および心理学者であるユージン・ジェンドリン博士が，心理療法を詳しく調べてみた結果わかったのです。1960年代にジェンドリンは，「心理療法でよくなる人とよくならない人がいるのはどうしてなのか」ということについて研究を始めました。ジェンドリンは多くの心理療法のセッションをテープに録音しました。研究を始めて間もなく，ジェンドリンと大学院生たちは，うまくいくクライエントとうまくいかない人の違いが分かるようになりました。なんと，カウンセラーがベテランかどうか，ということは関係なかったのです。関係があったのは，クライエントが自分の内側でどのような作業をしていたか，でした。

　心理療法がうまくいったクライエントの話し方には特徴がありました。話の途中でしばしば言いよどんだり，躊躇したりするのです。まるで自分の内側にある何かの感覚，言葉にしづらい何か，と相談しているかのようなのです。対照的に，うまくいかないクライエントは，饒舌で早口でした。そのようなクライエントは，自分がすでに分かっていることを話していて，アタマで考えていることだけにとらわれています。それに対して，うまくいくクライエントは，それまで気づいていなかった言葉やイメージを探しだそうとします。うまくいくクライエントは，問題を知的に解決してしまおうとせずに，今置かれている状況をまるごとからだで感じていたり，そこから生まれる言葉を見つけようとしたりします。

ジェンドリンは，このスキルを，使ったことのない人たちに教える方法はないものだろうかと考えました。そして試行錯誤の結果，フォーカシングを学ぶための6ステップを考え出しました。このステップは，今でも使われています。ジェンドリンの独創的な本である『フォーカシング』では，この方法が紹介されています。この研究をもとに，他の研究者もこのステップに手を加えたり，変更したり，拡張したりして，フォーカシングをさまざまに応用しています。例えば，アン・ワイザー・コーネルは，フォーカシングを応用して「内側の関係とのフォーカシング」を開発しました。この方法では，自分自身で気づいている自分の感情やからだの反応は，「私の一部分」であるとか「私の中にある何か」として捉えます。そしてフォーカサーは，その「一部分」と自分自身とでやりとりを進めていきます。こうすることで，フォーカサーはさまざまな問題や気がかりについて，好奇心を持ってかかわれるようになり，圧倒されることが少なくなるのです。

　現代人は，「考え」は脳の中で起こっていることであり，その脳は頭の中にあるということを「知って」います。しかし，何世紀も前には，この事実は明らかではありませんでした。今とは違って，考えることはおそらく「心臓」か「胃」，おそらくその両方で起こっていると信じられていました。フォーカシングでは，私たちの内なる知恵は，胸や胃のあたりでしばしば感じられる，としています。論理的な課題や整然とした問題を解決するときには，脳で理由を考えていくことが役に立つでしょう。しかし，気持ちなどにかかわる問題を解決するためには，私たちのからだの中心にある，内なる知恵に触れることが有益であることを，フォーカシングは教えてくれます。

　教師としてパキスタンのペシャワルに来たとき，私はフォーカシングについて何も知りませんでした。私は，ただアフガニスタンやパキスタンでの人道援助コーディネーション（Coordination of Humanitarian Assistance : CHA）というローカルな非営利団体で何か自分にできないか，と思っていただけでした。私はその団体のディレクターから，ここのスタッフを支援するためのプログラムを開発してほしいと頼まれたのです。

スタッフの多くは，身体的にも，感情的にも影響を及ぼされるような大変なストレスを感じていました。当時，西側世界では，デブリーフィング[9]という，仕事上の感情ストレスに援助職の人たちがうまく対処できるようにするサポートが標準的に行われていました。しかし，アフガニスタンの援助者にはそのようなサービスはほとんど行われていません。一方で，スタッフはとても危ない状況にありました。多くの男性スタッフには投獄されたり，殴られたり，拷問されたりした経験があり，その結果として生じている怒りや他の感情が，自分の家庭生活にまで及んでいました。女性のスタッフもまた，タリバンやそのライバルである統一戦線軍によってハラスメントを受けたり，暴力を受けたりしていました。聞き取りをすると，多くの人がフラッシュバック，侵入症状[10]，どこにぶつければよいかわからないような怒り，うつ症状，また将来に対する恐怖のために，仕事の遂行が難しくなっているとのことでした。

　私は，カリフォルニア近辺に再定住したアフガン難民の人々とともに長い間過ごした経験があって，そこでの一般的な心理療法のやり方を知っていましたが，ここではそのような西洋式のデブリーフィングはうまくいかないだろうと分かっていました。なぜなら，アフガニスタン人は，自分の家族や仕事の負担について，秘密にするからです。それは許されないことなのです。ですから私には，個人情報を聞くことなく彼らの心の傷を癒やせる何かが必要でした。アメリカの仲間であるナイナ・ジョイ・ローレンスに相談したところ，ナイナ・ジョイが教えてくれたのがフォーカシングでした。フォーカシングは，具体的な内容を話さなくても心理的に深いワークが可能です。またフォーカシングでは，フォーカサーが自分で何を話すか話さないかを決めることができます。患者は自分の心理的な問題について，自分一人でフォーカシングすることもできますし，聴き手に言ったことをただ繰り返してもらうこともできます。このとき，聴き手が何についてのことなのか，その内容を知る必要はありません。フォーカシング

訳注9）災害や精神的ショックを経験した人々に対して行われる支援方法。
　　10）本人の気持ちと関係なく，そのときと同じ気持ちがよみがえる症状。

は，一人がガイドして大きなグループでも行うことができます。このように
フォーカシングは，多くの情報を必要としないという点で，アフガニス
タンの文化にマッチするモデルでした。

　ナイナ・ジョイと私は，フォーカシングがここでもっと文化的に受け入
れられやすくなるよう，内側の感覚に気づくことを示している現地の文学
やことわざを見つけました。探してみれば，どの文化にもおそらく同じよ
うなものを見つけることができるでしょう。アメリカ文化では，「内臓感
覚を信頼する」という言い方をします。フランスの作家であるパスカルは，
「心臓は，理性の理解を超えた何かを知っている」と表現しています。ま
たアインシュタインは，「直観的精神は神聖な贈り物であり，理性的な精
神は忠実な使用人だ」と述べています。私たちは，「使用人」をちやほや
して，「贈り物」を忘れた社会を作ってしまったのではないでしょうか。

　非営利団体のスタッフにフォーカシングを教えようとする私の最初の試
みは成功しました。スタッフは，「職場での緊張や怒りが少なくなった」
と報告してくれました。またCHAのディレクターは，マネージャーの問
題解決能力が向上したと言ってくれました。あるマネージャーは，「長年
の家族の問題や，戦争にまつわるつらさのせいで，いつも気を張って怒り
を感じていた。今はそれが随分楽になった。プレッシャーが減りました」
と言ってくれました。CHAのスタッフは，フォーカシングによってスト
レスにうまく対処することができるようになったのです。CHAのスタッ
フはまた，生活の心配や将来への不安にもかかわらず，未来に向けて新し
い希望を感じられるようになりました。

　その後すぐ，私は，CHAで難民に教えるために働きました。そして，
コミュニティ・ウェルネス・フォーカシングを教えるために国際救援委員
会（IRC）で働くことになりました。多くの参加者が，自分が学んだこと
を友人や家族に伝えたために，フォーカシングがコミュニティ全体のメン
タルヘルスと健康に役立つことが分かりました。

　私たちが一緒に働いた多くの人たちは，苦痛やトラウマをたくさん抱え
ていました。ですから，その人たちは自分の内側を感じることに対して，
最初，「安全ではない」と感じていました。そして彼らは感情，情動，記

憶，からだの反応からなんとかして距離をとるために，エネルギーを使い果たしていました。あるセッションを始めるときに，私は部屋にいる人々（全員がパキスタンにいるアフガニスタン難民でした）に，このような自分の内面にふれるワークをすることができるような，静かな場所があるかどうかを尋ねました。何人かは，自分たちのこれまでの人生には，静かな場所も，美しいところも全然なかったと言いました。たまたまこのようなやりとりがあったために，私は初心者向けのこのセッションを，人生における「静かで美しい場所を想像してみる」ことから始めることにしました。もしそのような場所を実際には知らなくても，自分が行ってみたい静かで美しく安全な所はどこにあるだろうと考えることはできます。「静かな場所」と呼んでいるこのワークが，フォーカシングのトレーニングを始める際にとても役に立つことが分かりました。参加者が一度もフォーカシングをしたことがなくて，フォーカシングとは何なのかを知らない場合は特にです（もっとも，時には第10章の「感謝」の態度で始めることもあるのですけれども）。参加者がいい感じをもって終われるよう，ワークショップの最後にも「静かな場所」を使っています。

　有能なファシリテーターであれば，グループメンバーが自然にフォーカシングできるように進めていけるでしょう。ただし，対象としているコミュニティの文化にフィットする方法でフォーカシングを導入するという気遣いは絶対に必要です。

　補足ですが，このワークはプログラムの重要な部分ですので，ファシリテーターをする人は，まずグループを始める前に，数人の人たちを相手に，この「静かな場所」のワークを練習してみて，安心して進めていけるようリハーサルすることをお勧めします。また，グループを行うときには，フォーカシングについて説明するよりも前に，静かで安全に，自分の内側に触れるという体験を実際に参加者に体験してもらった方がよいと思います。フォーカシングは，体験することで最もよく理解されます。ほとんどの人にとって，フォーカシングを定義することはとても難しいのです。

＊＊＊

もっと知りたい人のために

ユージン・T・ジェンドリン（著）村山正治・都留春夫・村瀬孝雄（訳）
『フォーカシング』福村出版，1982

https://focusing.org/ THE INTERNATIONAL FOCUSING INSTITUTE

アン・ワイザー・コーネル（著）大澤美枝子・日笠摩子（訳）『やさしい
フォーカシング―自分でできるこころの処方』コスモス・ライブラリー，
1999

https://www.focusingresources.com　Focusing Resources

ワーク4　静かな場所

目標：参加者がフォーカシングとはどんなものかを説明できるようになること。参加者は自分の中の静かで，安全で，美しい場所を感じられるようになるでしょう。この「内側の場所」は一人一人にとってのやすらぎの場となり，ここからいろいろな活動を始めることができるようになります。

用意するもの：フリップチャートとマーカー。ハンドアウト4Aと4B（オプション），または一人あたり2枚の白紙。あるいは各人にノートを持ってきてもらう。

時間：40分

＊＊＊

A. からだの中に静かな場所を見つける

　危機に陥ったとき，多くの人々は，安全な場所，ゆっくり休んでエネルギーを回復できるような場所が失われてしまった，と感じてしまいます。美しい静かな場所がほとんど失われてしまうことがあります。しかし，いつでも訪れることのできる場所が1つあります。それは「自身の中にある静かな場所」です。その場所のことをどう呼ぶかは人によって違いますが，ポイントは，この静かで落ち着いた場所にいると，あなたはどう感じるかということです。

　最初の数回は，なかなかうまくそのような場所に行けない人もいる，ということを参加者には伝えておきましょう。でも，そのうちに誰にでもできるようになりますよ，とも。最初からうまくできなくても，大丈夫です。ゆっくり自分のペースでやっていきましょう。それこそが大事なことなのです。

教示

　このワークは簡単です。ゆっくり，以下の教示（ハンドアウトにもあります）を読みあげます。ファシリテーターが全体をリードして，参加者がそれを聞きながら進めるやり方がやりやすいです。

　自分のからだに意識を向けてみましょう：
- 足先の部分から始めます……
- 続いて，足首からふくらはぎ，太もも……
- 背中……
- 腕，肩……
- 頭……
- からだの真ん中あたりに注意を向けましょう（のど，胸，胃のあたり）。

　私は自分の中に，この「静かな場所」を感じています……
- 私はこの場所に座っています……
- 私は，この場所がどんな感じなのか感じています……
- 私は，この「安全な」場所がからだのどこにあるのか，感じています……
- ワークを終わっていくにあたって，この場所に，私と一緒にいてくれるよう伝えています……

トレーナーへの注意

- 始める前に，参加者に，静かで，美しい場所を想像してください，と伝えましょう。
- 参加者の注意が内側に向いているときには，次の提案をするまで1分待ってください。
- 教示と教示の間では，何度かゆっくり呼吸をしてください。参加者は教示のための準備をする時間がとれます。
- 教示をあなた自身も感じながら進めましょう。
- 参加者が初めてこのワークをするときには，グループをよく観察しましょう。ワークについてきているかどうか，手助けが必要な人は誰か，に気がつくでしょう。
- 困っている人には，例えば「山の峡谷かな」「湖のそばかな」などと例を挙げてみるといいでしょう。
- 浮かんできたことは，たとえ苦痛であってもプラスに捉えられるようにしましょう。「つらいことばかりが浮かんできて，そこから離れられない」という人がいるかもしれません。つらい感じや，そのほかの浮かんでくる気持ちに対しては，さらっと「こんにちは」とあいさつして，次に進んでみるよう提案してください。
- もしそれでもそこから離れられない場合には，そのつらさをただそのままにする時間をとってみることを提案してください。あるいは，そのつらさを外側から眺めてみる，ということはできるでしょうか。そのつらさに気づいている，という状態のままで，でもそれはそのままにしておき，次に進みましょう。
- できますよ，という態度を示すことは大事ですが，必ず全員ができる，と約束することは避けましょう。人の体験はそれぞれに異なります。

ディスカッション

　ワークの後に少し時間をとって，参加者がこの部屋やグループに気持ちを戻してこられるようにしましょう。次のような質問をいくつかしてみてください：

- 誰か寝てしまった人はいますか？　寝てしまった，よかったですね。リラックスできたということです。

- 選んだ場所に行けなかった人はいましたか？　静かな場所が見つからなかった人は，どんな感じだったのか教えてください。静かな場所は，あなたがリラックスする手助けになりましたか？　ほとんどの人は，からだの準備ができて，プロセスを信頼できるようになっていくにつれて，安全な場所を見つけることができるようになります。フォーカシングに失敗はありません。フォーカシングとは結果ではなく，プロセスであり，旅なのです。

- ほかの人はどうですか？　何が見えたのか，話してもらえますか？からだではどんな感じでしたか？　描写してみたり，イメージしてみたりしてもらいましょう。その感じはどこで感じられましたか？　参加者が，話してもいい，と思えることだけを話すように伝えてください。

あと2つ質問するとすれば：

- 何か難しかったことはありましたか？
- このワークのどこがよかったですか？

トレーナーへの注意

　最初はこの場所のことを「安全な場所」とは言いません（安全な場所を見つけられない人もいるので）。ですが，参加者が「その場所」で安心できたかどうかは確認します。

　できなかった，と終わってから言う人がいますが（多くの人がそう言います），それはよくあることだと伝えてください。どのあたりまではできた感じがするか，聞いてください。実際は多くの人が，小さな変化を感じ

取っています。「静かな場所」を想像することができなくても，リラックスすることはできた，という人もいたりします。リラックスできるだけでも意味があります！　以前にも「自分には全然，そういう場所は見つけられない」とずっと言う人がいたので，「何か変化したことはありましたか」と尋ねました。「全然。でも，うるさい感じが少しマシになったかな」とのことでした。これだけでも先行きは明るいです。

　トラウマを経験した人にとって，このワークは「内側からの癒やし」のプロセスとかかわるための，適切なスタートとなります。圧倒的な感情の波が押し寄せてきても，自分の内側のここには安らぎやスペースの場所がある，と覚えておくことができます。ある人たちにとって，そこは穏やかさをもたらしますし，別のある人たちにとっては，安全や美しさをもたらす場所となるでしょう。

　これはまだ入り口にすぎません。参加者は新しいことを始めたばかりです。それは，自転車に乗るようなものです。最初からできるような人はいません。どんなことが浮かんできても，そのことに対してオープンでいられるよう，参加者をサポートしてください。「内側の場所」で感じられるからだの感じに気づいたり，それにかかわったり，それを育んでいけるよう，支援していきましょう。

B. 描画

　「ボディ」が描かれたハンドアウト4Aを配布してください。または，白紙を配布してください。参加者に「静かな場所」の絵を描いてもらいます。

　グループが「静かな場所」の絵を描いたら，この「内側の場所」は，みなさん自身のものであることを説明します。参加者はこの場所を好きに呼んでいいのですが，ここは必要なときにはいつでも訪れることができる場所です。なお，このタイミングで，「これがフォーカシング体験です」と伝えます。「自分は今，静かな場所にいる」とイメージしているときに，自分のからだで感じられる感じ，その感じが「フェルトセンス」です。このフェルトセンスがフォーカシングの核となります。

「静かな場所」のワークを，自分のふだんの生活にどんなふうに活かせそうか，その方法を絵の下に書いてもらいましょう。

ファシリテーターは，この描画ワークを行うことによって，ワークの意図を誰が理解できていて，誰が理解できていないかを知ることができます。

C. このワークを自分の文化にマッチさせる方法を見つける

フリップチャートやマーカーを自由に使えるように用意します。参加者に，このワークを自分自身の文化や価値観を使って説明したり，当てはめたりするやり方を考えてもらいます。次のような内容を尋ねてみてもいいでしょう。

- あなたの社会，文化や地域の伝統では，内側に平和や穏やかさをどうやって見つけていますか（グループによく見えるように発言を書き出しましょう）。
- これまでやってきたことにぴったり合うような地域の話や詩，表現，ことわざはありませんか（ここでも，出てきたものを記録します）。
- ファシリテーターは，このワークショップで行ってきたワークを表しているような地域の話や詩，表現，ことわざを参加者に考えてもらいます。
- 出てきたもののカタログを作りましょう。

例えば，イスラム教では次のようなことわざがあります：「アラーはあなたの頸静脈よりもあなたの近くにいる」。これは，あなたは一人ではないということ，そしてアラーはあなたの最も深い部分を知っている，という意味です。キリスト教文化でいうならば，聖霊が「いつも私たちとともにいる」ということです。どの文化にも，このように穏やかで平和な態度につながる何かがあるようです。

D. 説明：フォーカシングとは？

さてここで，フォーカシングについてより多くを語るチャンス到来です。フォーカシングは，私たち自身の中にあるプロセスなのだということを説

明します。人は時に，悲しみ，失望，恐怖，不安，あるいは満足，のようなさまざまな感情を体験します。フォーカシングによって，私たちはこれらの感情に飲み込まれずにかかわることができるようになります。フォーカシングはまた，内側から感じられる癒やしの源とつながることも可能にしてくれます。フォーカシングによって，

- 難しいと感じる感情とともにいられるようになります。
- 自分自身も他者ももっと受け入れられるようになります。
- お互いを聴きあうことができるようになり，職場や家庭の雰囲気がよくなります。
- 怒りが激しく，悲しみに暮れ，脅え切っているという人々も，フォーカシングによって感情のバランスを得ることができたと言っています。
- フォーカシングによって，「以前よりも，心から神やアラーと話せるようになった」と言う人たちもいます。

　フォーカシングは，内側の感覚と気持ちに注意を払えるようになるための簡単な方法です。フォーカシングによって，私たちの内側に，知恵を見つけたり，傷ついた感じのための場所を作ったりすることができます。フォーカシングは決して目新しい考えなのではなく，西洋の考え方でもありません。どの社会にもフォーカシングと同じような実践があり，それをこのワークショップで発見できるでしょう。

　フォーカシングのプロセスにはさまざまなステップがありますが，なかでも最も簡単なものは「間をとる」ことです。間をとって，何度かゆっくりとした呼吸をしながら，何が自分の中で起こっているんだろう，そして自分は今，どんな感じなんだろう，と感じてみます。間をとっていると，私たちの注意は自分自身の最も深い場所に向かい，「からだの知恵」を感じることができるようになります。また，気になることや出来事を取り上げて，その「全体」を見て，この「全体の状況」に対して内側ではどんなふうに反応するだろう，とチェックしたりすることもできます。こうすることで，単にアタマで考える以上の，もっと素晴らしい知恵にアクセスす

ることができるのです。

　内側の場所に注意を向けることができるようになれば，私たちはより大きなレジリエンスを得られます。みなさんがこれからの何日間かワークに参加すれば，感情や気持ちとどうかかわるかを学ぶことができるでしょう。それはあなた以外の人たち，家族や友人，同僚，学生が，気持ちのことについて話すとき，その話を聴くのに役に立ちます。あなたは，よいとか悪いとかの判断や，偏見や，目的なしに，自身自身や，他の人たちと一緒にいられるようになるでしょう。すべてを抱えておける優しいスペースを自分の内側に作るということも学ぶでしょう。

トレーナーへの注意

　ここではフォーカシングを簡単に説明しています。説明にはあまり多くの時間をかけすぎないようにしてください。フォーカシングは実際に体験しながら学ぶのが最もよいと思います。ワークショップの後半でもう一度これらのポイントに言及することができますし，そうするべきです。

E. 宿題

　ハンドアウト4Bを配布し，グループの参加者に，自宅でこのワークを夜に行うよう伝えてください。自分が安全であると感じる場所をすべてイメージしてみて，それぞれの場所がからだでどんなふうに感じられるか，感じてみるように勧めます。

　もしこのハンドアウト4Bがコピーできないときは，参加者にノートや別の紙に書いてもらって，家でこのワークを行えるようにしましょう。

　自宅か，職場か，あるいは近所の誰かに，この「静かな場所」のやり方を教えてあげてください，と参加者に促してみましょう。

ハンドアウト４Ａ：静かで安全な場所を描いてみましょう。

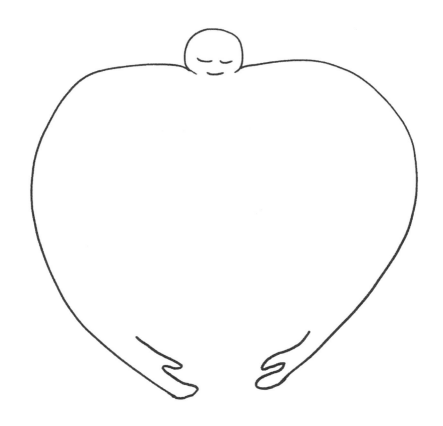

ハンドアウト4B：フォーカシング#1

私は意識を自分のからだに向けています。
- 足先の部分から始めます……
- 続いて，足首からふくらはぎ，太もも……
- 背中……
- 腕，肩……
- 頭から……
- 私のからだの中心に向かいます。（のど，胸，胃のあたり）……

内側で，この静かな場所を感じています……

- 私はこの場所に座っています……
- 私は，この場所がどのように感じるかを感じています……
- 私は，この美しい場所が，からだのどこで感じられるかを感じています……

　終わりにしますが，この感じに，このまま私と一緒にいてくれるよう，声をかけています……

第5章

レジリエンスの物語
──よい逸脱（ポジティブ・デビアンス）

　2013年12月，エボラウイルスが西アフリカで確認され，2014年の春には
リベリアに広がりました。そして7月に，私はこの伝染病に対処するため
の世界保健機関（WHO）のチームの一員になりました。この恐ろしい感
染拡大は，周辺地域も含めて市民の間に恐怖とパニックをまき散らしてい
ました。WHOは，すでにウイルスに感染している村人がより大きな都市
や外国にこの病気を運んでしまう可能性について懸念していました。

　私の仕事は，地域の医療施設でエボラウイルスが広がったか，食い止め
られたかに関する情報収集でした。また，対象コミュニティでの心理的な
課題のアセスメントも担当していました。ここには医療従事者の支援も含
まれていました。多くの医療従事者もこの状況に恐怖を感じていたのです。

　私はリベリアのWHO事務所で，同僚を対象にフォーカシングのクラス
を始めました。ここでもまた，フォーカシングによってレジリエンスが一
気に高まり，スムーズに恐怖を拭い去ることができることに感動しました。

　この45分のセッションで，私が実際に何をしたのかをお話ししましょ
う。まず，「今，からだはどんな感じなのか教えてください」と尋ねまし
た。参加者は一人ずつ，からだの感じを説明してくれました──疲れてい
る，胃がむかむかする，痛みがある，元気がわいてくる，おなかが空いて

いる——「ほかにも何かないか，気づいてみてください」と指示したところ，どの人も最初の発言にさらにプラスして話してくれました。最初の話の背後に，どれだけ隠れているものが多いかについて話し合いました。

　次に，ゆっくり時間をとって，からだのそれぞれの部分を丁寧に感じてもらい，最後にからだの中心，胸やおなかのあたりに注意を向けてもらいました。内側を感じながら，自分が感謝していることは何か，そしてそれは内側でどんなふうに感じられるか，感じてもらいました。全員が，世界ががらっと変わり，からだが安心できる居心地のいい感じになったことに気づきました。グループの一人の男性は，ずっと痛みと苦痛に悩まされていたのが，感謝に気づいたとたん，それがすっと消え去った，と教えてくれました。

　もう一度，内側を感じてもらいましたが，今回は最初から感謝を感じてみるようにしました。全員に感謝の感じをしっかりと感じてもらい，続いて，「エボラとリベリアと今の状況での自分自身」を感じてみるように提案しました。これらをしばらく感じてみたあと，感謝を感じていたところに戻ってみるように伝えました。このワークを終えてから，どんな体験だったのかを話してもらいました。いろいろなものへの感謝のなかにエボラについての今の状況が抱えられると，以前よりもエボラのことが小さくなり，圧倒される感じが少なくなった，と全員が語りました。ある参加者は，感謝の感じは，しんどい状況の重苦しさから逃れるライフラインだと表現しました。また別の参加者は，エボラのことが小さくなって，もっと強力な何かに包まれている感じだ，と述べました。もう一人は，エボラが予想していたほどはひどくないことに感謝の気持ちが湧いてきたと言いました（「感謝」については第10章を参照）。45分のセッションが終わると，全員，前より気分がよくなっていました。そして地に足がついた感じ，お互いにつながった感じが持てるようになっていました。シフトが起こったことが感じられ，私はフォーカシングの贈り物に感謝しました。フォーカシングはあっという間に恐怖を鎮め，レジリエンスを回復させてくれたのです。

　現地の治療施設でエボラ感染が拡大しているのか，抑止されているのかを調査していたのですが，そのかたわらで現地でのレジリエンスを説明す

るストーリーがないかを探していました。もしたった一人のことでも，リベリア人が自力でこの感染症に打ち勝ったというストーリーが見つかれば，それは金の鉱脈を探し当てたと同じことになると思ったのです。

　この調査にはいくつかの難題がありました。まず，地元住民はストレスでおびえており，エボラについて話したがらなかったのです。多くの人々が口をそろえて「エボラは現実のことではない」と言っていました。それは信じがたいほど怖かったからなのです。街中を街宣車が走り回り，「エボラは現実にあるのです」と喧伝していました。しかし，あまりにも多くの噂が飛びかっていたため，いったい何がどうなっているのか，一般の人が理解することは困難でした。公式の情報は不足しており，私ですら人々の質問に答えることが難しい状態でした。

　もう1つの難題は，私たちの安全についてでした。WHOには守るべきルールが多々ありました。現地の人々を訪問する場合，住居内に入ったり，握手をしたりすることはダメでした。話す相手とは常に1メートル以上の距離をとることになっていました。それではまるで思いやりに欠けているような気がしましたし，そのような制約の下では自分らしくふるまえないと感じていました。現地の人たちに触れてはいけないと言われても，そこは本来，お互いに触れあったり，身体的に接触したりすることをよしとする国でした。ある現地の人が私にこう言いました。「エボラ感染を止めるには，親切にせず，思いやりある行動をとらないようにするしかない。愛する人が感染してもさわるな，と。そんなことができるでしょうか？　愛する人を慰めずにいられるでしょうか？」しかし，介護する人にとって，エボラ感染者に触れるということは，さながら死刑宣告のようなものでした。

　辛抱強く探し続け，私たちは他の人の看病をしながらも，自分は安全でいる方法を見つけた現地の人をついに発見することができました。彼女が使っていたのは，ビニール袋や漂白剤など，地域で手に入るようなものだけでした。つまり，防護服を着た医療部隊が来なくても，とても買えないような高価な物資がなくてもなんとかなる，ということです。自力で前向きな行動を起こすことが可能で，お互いに助け合うことができるということです。これはコミュニティのレジリエンスとやる気にとって非常に重要

なことでした。

　その人と，別の何人かの人々の例を使って，動画や，ポスター，トレーニング教材を作成し，テレビやラジオでの放送を行って，この重要な情報を広めました。教会関係者などのトレーニングを行い，その人たちが他の人をトレーニングできるようにしました。私の同僚は，4項目からなるトレーニングを作成しました。正しい手洗い，洗浄と除菌のための塩素水の作り方，病人の看護の際に長袖を着てゴム手袋かビニール袋を手にかぶせる方法，そして使用済みのものの安全な取り外しと廃棄の方法です。

　私は医療人類学者として，いま現在の状況で，すでにうまく機能している何かを発見することが，どれだけ重要かを知っています。事態に驚くほどよく対処している少数のレジリエンスの高い人々のやり方が，その他大勢の人々を助けるヒントになるのです。開発の分野で，このような事例はよい逸脱（ポジティブデビアンス）と呼ばれます。この用語は，ジェリーとモニークのスターニン夫妻によって提案されたもので，複雑で一見解決不可能な問題に対する，地域の「ふつうではない」解決法のことを指します。よい逸脱のケースを見つけるためには，現地の文化を観察し，地元の人に質問しなくてはなりません。コミュニティで予想外にうまく暮らしている人を見つけ出さなくてはなりません。そのような人々のケースから学び，その戦略を採用し，活用方法を考え，他の人に伝えられるよう支援しなければなりません。

　次の2つのワークは，コミュニティの健康につながる「よい逸脱」の特徴を持つ人々を見つけるのに役立ちます。使える時間や，自分の好みに応じて，どちらかを使ってみてください。

＊＊＊

もっと知りたい人のために：
The Power of Positive Deviance: How Unlikely Innovators Solve the World's Toughest Problems. Richard Pascal, Jerry Sternin and Monique Sternin（Harvard Business School Publishing, MA, 2010）未訳

ワーク5A　レジリエンスの物語

目標：参加者はこの章を通じて，自分たちのコミュニティや，家族，そして参加者自身のレジリエンスに関する物語を学びます。

用意するもの：ハンドアウト5A のコピーまたは白紙，筆記用具

時間：20分

＊＊＊

レジリエンスを認識する

　2～3人の少人数グループを作ります。自分たち，家族，または自分のコミュニティがストレスに前向きに対処した事例についての物語を書き込んで，ハンドアウト5A を完成させます。次に，お互いに自分が書いた物語を話します。少人数グループなので，メンバー全員が話す機会を持てます。お互いに自分たちの物語を語り合うことで，コミュニティでの困難に前向きに立ち向かうとき，レジリエンスがいかに役立つかに気づくでしょう。

ディスカッション

　全員をもう一度集合させ，何人かに自分や家族，またはコミュニティについての物語を紹介してもらいます。フリップチャートにキーポイントを書き出し，レジリエンスがそこにあることを示します。そしてそれはその気になって探せば見つかるものだ，と伝えましょう。ファシリテーターは，メンバーの発言を言い換えたり，要約したりして，どこにレジリエンスがあるのかを分かりやすくしてもいいでしょう。以下のサンプルリストの最後の2つを必ず強調してください。なぜなら，トラウマのせいで人々は感情を避けるようになることがあり，それが心理社会的な問題を引き起こす

ことがあるからです。すべての感情を体験することができる，ということもレジリエンスの一部なのだ，ということを伝えるようにしてください。

トレーナーへの注意

　これはほとんど監督が必要ないワークです。メンバーは，自分たちが実際に体験した例でないとダメなのか，と尋ねるかもしれません。生まれる前や，自分たちがいなかったときの物語など，どんな物語でも構わないと伝えましょう。

レジリエンスのキーポイントのサンプルリスト

- 生きる目的を持つ
- リソースを多く持つ
- 好奇心と知的成熟
- 利己的にならず，他者のために無私になる
- 公平な思いやり
- 他者を支援しようという欲求と能力
- 秩序ある回復した社会の可能性のビジョン
- よいことのイメージの記憶と想起
- 文化的な格言を覚えていること。例えば，若木は曲がる限り折れることはない
- ポジティブ，ネガティブのいずれも含めたすべての感情を持っていること
- さまざまな感情に触れていること

ワーク5B　よい逸脱

注：この２つめのワークは，最初のワークと似ていますが，もっと時間がかかり，もっと徹底しています。このワークでは，うまくやれている人とそうでない人とを比較します。また「よい逸脱」という用語を説明します。

目標：メンバーは，家族やコミュニティのレジリエンスに気づき，またトラウマや困難があってもうまくやれている人たちがどうしてそうなのかを理解できるようになります。

用意するもの：フリップチャート，マーカー，ハンドアウト5Bのコピーを参加者一人あたり１，２枚（１枚以上書きたいと思う参加者がいるかもしれないので），筆記用具，リストを壁に貼るためのテープ

時間：45〜60分

＊＊＊

　コミュニティや，トラウマや困難に直面してもうまくやれている人たちの，よい逸脱はいったい何だろう，ということを実際に探していくワークです，と説明します。どのコミュニティにも，他のみんなと同じように困難を抱えているのに，社会的に，また心理的に健康な人がいます。こういった人のことを社会の「ポジティブな」メンバーと呼びます。多くの人々が気分的にも社会的にもなかなか回復できないので，こういった人々は少数派です。少数派なので，基準から逸脱しているわけです。誰もが同じようなトラウマを体験しているのですが，よい逸脱者は元気で，回復力があり，健康です。行き詰まった状況で，このような人々は前向きに生きるお手本となります。

　次に，メンバーにハンドアウト5Bを配布します。書ける人は１枚以上書いてもいいですよ，と伝えてください。自分の知っている人で，大変な

思いをしてきた人を二人以上思い出してもらいます。このワークでは自分自身の体験を使う必要はありません。自分の人生を振り返るのではなく，他の人についての話を思い出すことを勧めています。そうすることで，トラウマティックな出来事から心理的に距離をとることができるからです。思い出してもらう二人のうち，一人は気持ち的に，あるいは社会的にもまだ回復していない人にしてもらいます。もう一人はトラウマを体験したけれども，今は気持ち的にも元気になり，人生が前向きな人を思い出してもらいます。ゆっくり時間をとってこの二人を選び出してもらいましょう。

　ハンドアウト（もしくは白紙）に，次のことを書いてもらいます。

- この二人それぞれに，何が起こったのか書いてください。
- どういうところからこの人はうまくやれているなと思い，こっちの人はそうでないと思ったのか，特徴を4つ挙げてみよう。

　二〜三人の小グループに分かれてもらいます。メンバーはそれぞれ，さっき書き出した「何があったのか」という話と，二人を区別するのに使った「元気さを示すサイン」（あるいは「元気のなさを示すサイン」）について紹介しましょう。次のことについて話し合ってもらいます。

- ハンドアウトに書き込んだ，「何が起こったのか」ということ
- うまくやれている人の特徴，うまくやれてない人の特徴
- この両者の違いはどこにあるんだろう

　各グループにはマーカーと白紙を配ります。フリップチャートの大判の紙とマーカーを渡すことも多いですね。気づいたポジティブな特性を書きだしてリストを作ってもらいます。

　グループ全員が書き終わったら，グループの代表に前に出てきてもらって気づいたことを発表してもらいます。リストはテープで部屋の壁に貼り，みんなに見えるようにします。

ディスカッション

　発表のあと，全員で，人が元気さやレジリエンスをどこで判断するか，

について話し合います。

- 元気さの共通する特性は何だろう
- あなたのコミュニティで，何人くらいの人が「元気」だと思いますか
- その人たちが元気になれたのは，どんな支援があったのだろう
- あなたのコミュニティで，元気になることを支えてくれるものは何だろう

　私はよく歩き回って，それぞれのリストに共通するポイントに丸をつけます。私用のリストをフリップチャートに作って，あるグループでは重要だとされていて，他のグループでは見落とされているポイントを書き込んでいったりします。また私はグループがさっきまで見落としていた特性に気づいたら，新しいポイントを付け加えたりもします。

トレーナーへの注意

　このワークの目的は，困難やトラウマに直面したにもかかわらず，心理社会的健康を保っているメンバーが自分のコミュニティにはいるのだ，ということを参加者に気づいてもらうことです。もう1つの目的は，元気にやれている人にどうやったら気づけるのか，ということを理解してもらうことです。このワークでは，元気にうまくやれている人とそうでない人を比較するので，この人はうまくやれているんだ，と気づきやすくなります。その文化ではどういう状態を心理社会的健康とみなすのか，について説明するのを忘れないようにしてください（第3章参照）。

　「自分はよい逸脱者なんだよ！」と言う人もいるかもしれません。そういう人がいたら，ぜひもっと話してもらいましょう——自分のどういうところが社会的にも心理的もうまくやれている感じなんでしょう？　そういった特性に他の人も気づいていたら，理解しやすいですね。でもあなたはひょっとしたら，この人はうまくやれている人というより，うまくやろうと頑張っている人なんじゃないか，と感じるかもしれません。その場合でも，その人が自分はそうなんだ，と言っていることを大事に受け止めてあげてください。

ハンドアウト5A：レジリエンスの物語

自分自身のこと	
家族	
自分のコミュニティ	

ハンドアウト5B：よい逸脱

うまくやれていない人	
トラウマ体験の説明	この人がうまくやれていないことが分かる４つの特徴
うまくやれている人	
トラウマ体験の説明	この人がうまくやれていることが分かる４つの特徴

第6章

内なるゲスト

　世界中の多くの文化で，ゲストを尊重し，自分がもてなす側となるのは名誉なことと考えます。たとえそれがやっかいで不便なことであっても，です。加えて多くの宗教では，伝統的に内側に目を向け，自分自身を知ることが重んじられます。ムスリム文化の伝統では，その両方に価値を置いているのですが，それはまたフォーカシングへのとても素晴らしい入口でもあるのです。

　私は一人の文化人類学者として，新しい考え方が現地の文化に受け入れられるにはどうすればよいか，を常に探しています。そして偶然，「内なるゲストを歓迎する」という考えを思いつきました。ムスリムの祈りの文化には，穏やかで無批判なやり方で，内側を感じるという伝統があります。それで，私は，同僚のナイナ・ジョイ・ローレンスとともに，このような内側の感じ方を表

> 人は，ゲストハウスだ
> 毎朝，新しい訪問者を迎える
> 喜び，憂鬱，卑屈，
> つかの間の思いが，
> 予期せぬゲストのようにやってくる
> 歓迎し，楽しませよう，それらのすべてを…
> 誰が来ても有難く思おう
> なぜなら
> その一つ一つが，神から遣わされた
> ガイドなのだから。
>
> 作：ルーミー
> 訳：コールマン・バークス

現しているような，現地の言い習わしや文書を探したのです。ナイナ・ジョイは，今から8世紀前のペルシャの詩人ルーミー（Rumi）が，フォーカシングに似たことを書いている詩をいくつか発見しました。最もフォーカシング的な詩は，ゲストハウスについての詩でしたが，それは単なるゲストハウスのことを描いたものではなく，自分自身を知っていくという比喩でした。

　ルーミーの詩は，ルーミーの故郷アフガニスタンで広く知られています。アフガニスタンの人は，辺境に住む字が読めない人でさえも，ルーミーの詩を諳んじています。アフガンの文化では，感情を表現することや，感情についてあれこれかかわることはあまりしません。しかし詩を書いたり暗唱したりすることによって，最も屈強な男性であっても，自分の心優しい一面を表現することができます。私たちのワークショップでも，詩を暗唱したり，時には即興で詩を創ったりすることを，現地の参加者は当たり前のこととして受け入れます。

　アフガニスタンの家庭の多くは，家族が使う部屋とは別に，ゲストハウスとして特別な部屋を確保しています。この部屋にはいちばん素敵な家具とカーペットが置かれ，枕やマットは新品です。古（いにしえ）のアメリカ文化にも，同じような部屋があり，それは「パーラー」と呼ばれていたといいます。そういうわけで，アフガニスタンの人にとって，内なるゲストをあたかも「神から遣わされた存在」であるかのように敬意を持って迎え入れることは，ごく自然なこととして受け入れられるのです。

　私はもう何年も，この内なるゲストハウスの考え方を使っています。ムスリムの文化以外でも使っています。この比喩は，多くの文化でよく機能します。ホスピタリティを大事にする価値観の下ならどこでも，ゲストに関する詩はすうっと理解されますし，その詩の持つ優しいアプローチは，私たちは内なる訪問者を歓迎することができるのだ，と実感するのに役立ちます。ルーミーの詩は，遠い日本の文化にもフィットしました。私が日本で「コミュニティ・ウェルネス」を教えたとき，この詩は素晴らしい入口となってくれました。

この最初のワークショップにとって大事だったのは，ルーミーの詩の助けを借りることによって，フォーカシングは西欧やアメリカの概念ではない，ということを，参加者に分かってもらえたことでした。フォーカシングは世界共通の概念であり，参加者の歴史の一部です。ルーミーの詩は，参加者がフォーカシングを「自分のもの」とするのに役立ちました。パキスタンの人に至っては，フォーカシングを「神の扉の前に立つこと」と言い替えたりしました。私たちの最初のワークショップの参加者の一人は，こう言いました。「フォーカシングはこの地の歴史の中にあります。フォーカシングは書物，詩の中に書いてあります。私たちの預言者は，神のメッセンジャーになる前に，フォーカシングのようなことをしながら洞窟に座っていました。これこそが私たちが1000年以上もやってきたことではないでしょうか。なぜ誰もこのことを知らないのでしょう」

　フォーカシングを教わったアフガニスタンの人は，フォーカシングが自分たちの文化の一部のように感じるようです。ですからフォーカシングを教えることを心地よく感じます。彼らはフォーカシングの考え方を積極的に，そして自然に広めます。アフガニスタンではいくつかの機関が，ダリー語[11]で2002年に作られたマニュアルを使ってフォーカシングを教え続けています。また地方のいくつかのNPOは今，教育省と共同で，幼稚園と小学校の先生をトレーニングしています。ウルドゥー語とパシュトー語のマニュアルも作られました。

　フォーカシングは都市部だけでなく地方にも届いていて，そのことについてあとでご紹介します。アフガニスタンでのこの活動について補足しますと，アフガニスタンでは戦争から30年しかたっておらず，またそれ以前からも部族抗争が何百年も続いており，問題を解決するに際して暴力が当たり前であるという状況が続いてきました。暴力によって男性は地位とパワーを得ますが，それはまた，癒やされていないトラウマがそこにあるということでもあります。もし私たちのワークショップが彼らの文化のこの側面を変えようとしていたならば，失敗していたに違いありません。人

訳注11）アフガニスタンの公用語。

は来なくなったでしょうし，私たちの再訪は断られていたかもしれません。人は，自分たちの規範が非難されているとは，感じたくないものです。たとえそれが彼らの本当に学びたいものであったとしても，聞くことは拒絶されます。しかし，これからご紹介するエピソードが示すように，私たちの教えたことが，時には暴力を解決したこともあるのです。このエピソードは，マンサーの住んでいる村でコミュニティ・ウェルネス・フォーカシングを教えているマカムからナイナ・ジョイ・ローレンスが聞いたものです。

　ある村人の話です。彼をマンサーと呼ぶことにします。マンサーは隣人としょっちゅう喧嘩をしていました。喧嘩の種は，どちらが灌漑用水を使う番かについてです。あるとき，その日はマンサーが水を使う番だったのに，マンサーの隣人が水を使いました。マンサーはわめき，水の流れを変えようとしました。隣人はマンサーをシャベルで殴りました。マンサーはシャムシェル（大きなナイフ）とシャロック（大きな棍棒）を取りに家に走りました。

　ふいにマンサーは言いました。「俺は何をしているんだろう？　俺が感じているこの怒りはゲストに違いない！　きっと俺はフォーカシングしたほうがいいんだ。そのあとで喧嘩に行こう」

　マンサーはフォーカシングしようと決めました。彼はトシャック（綿のマット）の上に座りました。彼は静かになり，手で頭を抱えました。

　マンサーはしばらくの間，内なる「ゲスト」と共に過ごしました。彼は自分の内側に，闘志を感じました。そしてその感じは，何をしたい感じなのかを彼に伝えてきました。それは，隣人を傷つけたい，殺したい，という感じだったのです。

　一方で彼は，自分の中に何かそれとは違うもの，何かそうしたくない，と感じているものがあるのにも気づきました。

　彼のからだは落ち着きました。マンサーは武器を置いて外に出ました。彼は畑で隣人と顔を合わせました。マンサーは言いました。「すまん。俺は明日水を使うよ。あんたは俺の兄貴のようなものだ。もし俺

に食べ物がないときは，あんたは俺にくれるに違いないんだから」

隣人は言いました。「何があった？　さっきは怒り狂ってたじゃないか？　どうしたんだ，今はやけにふつうじゃないかよ，弟みたいだ」

マンサーは答えました。「さっきのはゲストだったのさ，本当の俺じゃなくてね。俺は，ゲストの話を聞く方法を習ったんだ。マカムからフォーカシングを習ったのさ」

隣人は，そのフォーカシングというものを自分も教わりたいと言いました。

その村は，血を見るような諍いが終わったことに感謝しながら，共同でフォーカシングハウスを建てることを決めました。フォーカシングのやり方で内なるゲストに耳を傾けることは，平和をもたらすことができるのです。

＊＊＊

もっと知りたい人のために：
この章の内容は，次の二人のフォーカサーのコラボによって開発された，「内なる関係のフォーカシング」に基づいています。

　　アン・ワイザー・コーネル　http://focusingresources.com/
　　バーバラ・マクギャバン　http://www.focusing.org.uk/member-profile/barbara-mcgavin

　暴力の伝統とそれが社会に与える影響についてさらに知りたい方は，ベネディクト・グリマ（2005）の The Performance of Emotion among Paxtun Women（未訳）をご覧ください。

ルーミーについて
ウィキペディアによると，ルーミー（1207-1273）は13世紀のパキスタンの詩人であり，イスラムの学者，神学者，スーフィズム信者であり，「その影響力は国境や民族を超えていた」とされています。（数々の国の人

が）その後7世紀にわたって彼のスピリチュアルな偉業を称え続けていま
す。彼の詩は世界の多くの言語で広く訳されています。

ワーク6　内なるゲスト

注意：このワークは必ず，第4章の「静かな場所」を体験してもらった後で行ってください。

目標：このワークの趣旨は，何であっても訪れたものに焦点を当ててみるということを，参加者にまず体験してもらうことです。参加者は，自分が穏やかで，思いやりがあり，無批判的であるときに内なる自分との関係はうまくいく，ということを学びます。

用意するもの：紙，カラーマーカーまたはクレヨン，ハンドアウト6A，6B，6C のコピー

時間：45分

＊＊＊

ゲストハウスフォーカシング

　一堂に会したところで，ルーミーのゲストハウスの詩を朗読します。ショートバージョンでも，ロングバージョンでも OK です（ハンドアウト6A）。その後，詩について心理社会的な視点から，ディスカッションへと進みます。感情，フェルトセンス，からだの痛みなど内側にあるあらゆるものと，こんなふうに一緒にいるということができるのだ，と感じさせてくれるよい例として，この詩が使えることを意識しておきましょう。

　私たちは，出来事に対する自分の反応や，生活の中の何らかの状況に対して生じる体の感じを，「訪問者」として捉えることができます。お客さんや訪問者というのは，ずっとそこに住み着く人たちではありません——彼らはひょいとやってきて，立ち去ります。他のゲストよりも長く居るゲストもいるでしょう。迷惑なゲストも，楽しいゲストもいるでしょう。多

くの伝統文化では，一人一人のゲストを大事にもてなすことが重要とされます。どんな感情がゲストとしてやってきても，それを歓待することができれば，関係ができてきます。その感情の近くで過ごすとしたらどこにいるとよいか，心地よい場所をまず探すところから始めることが多いです，と，説明しましょう。

A．ゲストを招く練習

　参加者には円になって立ってもらいます。そうすることで，動きたければ動けるスペースの余裕ができます。こんなふうに言いましょう。

- 目を閉じてください。
- 家にいて，ドアをノックする音が聞こえたのをイメージしましょう。
- あなたはドアのところへ行って，ドアを開けます。
- 一人のゲストがそこにいます。あなたが心から会いたい人です。
- その人のことをあなたがどんなふうに感じているか，感じてみましょう。
- そのゲストに会って，歓迎しているとき，あなたのからだがどんなふうに反応するのか，気づいてみましょう。
- その感じは，あなたのからだのどこで感じられるでしょうか。
- それを十分に感じるために時間をとりましょう。
- あなたが内側で感じている感じにぴったりな言葉，フレーズ，あるいはジェスチャーを探してみましょう。
- では，目を開けてください。

　参加者たちをシェアリングへとお誘いします。必要に応じて，その方がやりやすければ，からだを使って説明してもらってもいいでしょう。
　数分間話し合ったら，再び目を閉じてもらいます。今度は，

- ノックがありました。
- そこにいるのは，あなたが絶対に会いたくない人です。

- その人のことをあなたがどんなふうに感じるのか，感じてみましょう。
- このゲストにあなたが丁寧にあいさつして歓迎すると，あなたのからだがどんなふうに反応するか，気づいてみましょう。
- その感じは，からだのどこで感じられるでしょうか。
- それを十分感じるための時間をとりましょう。
- あなたが内側で感じている感じにぴったりな言葉，フレーズ，あるいはジェスチャーを探してみましょう。
- では，目を開けてください。

　再び，参加者たちに体験をシェアしてもらいます。今度はどんなふうに違っていたかを尋ねましょう。
　グループが両方の体験をプロセスするための時間をとります。

B．ゲストハウスに入る

　参加者を，心地よいように座るようお誘いしましょう。目を閉じるように（あるいは床のどこかを眺めるように）と声をかけて，参加者を，その方々ご自身のゲストハウスに導きましょう。こんなふうに言いましょう。

- まず呼吸に注意を向けましょう——息が入ってきて，出ていっているのを感じていましょう。
- 注意を足元へと降ろして，そこがどんなふうか感じましょう。
- だんだんと脚の上のほうにゆっくりと注意を上げていき，時々止まって，そこがどんな感じか感じましょう。椅子（あるいは床）があなたのからだをどんなふうに支えているかを感じるとよいかもしれません。時間をとってその支えに身を任せてもいいかもですね。
- だんだんと注意を上の方へと，ゆっくり上げていって，感じます。背中，手の平，腕，肩，頭……。
- （間をとる）
- 注意をからだの中心に持ってきましょう。まず，あなたの穏やかな，安全な場所に行き，そこに座りましょう。その場所にいることがから

だでどう感じられるか，見てみましょう。

- それでは，内なるゲストを招きましょう。それは，何であっても，今，あなたに注意を向けて欲しがっているものです……。
- 何かを感じたら，浮かんできたものが何であっても，「こんにちは」と言いましょう。それはからだの感じかもしれないし，イメージかもしれないし，感情かもしれません……。
- それが何であっても，ちょっと時間をとって，それがあなたのからだの中でどんなふうなのかを，一番よく言い表すような表現を見つけてみましょう。
- （間をとる）
- 興味を持って，優しく，このゲストとただ一緒にいてＯＫかどうか，見てみましょう。
- もしかしたら，それ自体が，気持ちや思いを持っているのを感じるかもですね。
- あなたが，話を聞かせてほしいなと思っているということを，それに伝えましょう。
- （間をとる）
- それを表現するような言葉，フレーズ，あるいはイメージを見つけてみてもいいかもですね。……おそらくあなたは，ゲストに，また戻って来てほしいと伝えることもできるかもですね。
- 始める前と，今とで，あなたのからだがどんなふうに違うのか，からだを眺めてチェックしてみましょう。
- あなたのからだと，ゲストに，ありがとうと伝えましょう。
- （間をとる）
- ゆっくりと注意を戻してきて，再びからだに注意を向けていきましょう。手の平，腕，ふくらはぎ，足元，あなたが座っている椅子（または床）……。そしてあなたの準備ができたら，目を開けましょう……。

ディスカッション：

参加者たちが体験をシェアするよう，お誘いします。体験したことの中

で話しても大丈夫，と感じられることなら何でもよいです。彼らにこんなことを尋ねてもよいでしょう：

- ゲストはどんなふうにやって来ましたか？
- それをあなたのゲストハウスに迎え入れるのは，どんな感じでしたか？
- 今，何が違うように感じられますか？

C．描画：

　紙と，カラーマーカーまたはクレヨンを配って，参加者に自分のゲストハウスを描いてもらいましょう。参加者は，自分が「穏やかな場所」の中でゲストがどんなふうにいたのかや，内なるゲストと一緒に過ごすのはどんな感じだったのかを描いてもいいです。描き終わったら，描いた絵について何か話してもらいましょう。そうすると，あなたは，参加者がフォーカシングの使い方を理解しつつあるのか，あるいはもっと手助けが必要なのかが判断できます。

トレーナーへの注意

　このフォーカシングのワークの目的は，5つあります。参加者に体験してもらうのは以下の点です。

1．自分自身のゲストハウスを体験し，内なるゲストを特定する。
2．からだのフェルトセンスに気づき，それらを歓迎する。
3．ストレスやトラウマを取り扱うためのハンドルとなる言葉や比喩を見つけ出す。
4．内なるゲストとの関係を築く。
5．フォーカシング的な言葉の使い方を練習する。つまり，来るものすべてを受け入れることを示すような言葉を使ってみる。

　終始，ワークがポジティブであるようにします。ゲストに会えない人には，練習を積めばできるようになること，少し時間が長くかかる人もいるということを伝えて安心させましょう。自分が感じていることに触れるの

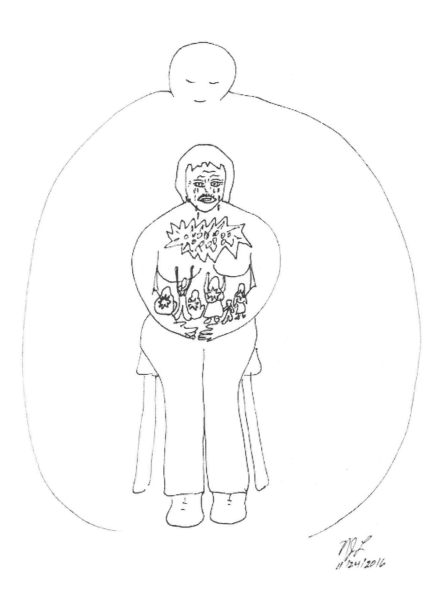

を長い間避け続けていると，何がやってきたのかに気づくのもそれだけ難しくなることが多いものです。

　シェアするときには，ゲストは何を意味しているのか，そのゲストは何についての話なのか，などの詳細には入っていかないようにしましょう。人に明かしたくないことは言わないでよい，そういう態度が大事なのだということを，みなさんに分かってもらいましょう。フォーカシングは詳細を話さなくてもよく，話さなくてもうまくできるものです。ゲストハウスを使うことの1つのメリットは，参加者が自分のゲストを言い表すために比喩やイメージを使うので，プライバシーに入り込まなくてよいことです。

　時折，見えるものが霧だったり，闇だったり，あるいは「何もない」と言う人がいます。一方で本当に一緒に「座って」いられるようなゲストもいます。身体の痛み，頭痛やそのほか何でも，フォーカシングでやってきたものは，「ゲスト」です。もし痛みが来たのなら，優しくそれをただ受け入れ，抱えることが大切です。その痛みの善し悪しの判断や偏った見方はしないこと。時折，参加者の中には，痛みが来たらフォーカシングを止めてしまい，それから1日ずっと痛みを持ち続ける人がいます。ですがそうした痛みを取り扱う最短の道は，ゲストハウスに戻り，痛みをゲストとして招き入れ，それと一緒に座り，優しく，耳を傾けることです。

　最後に，このワークでは，参加者どうしが秘密を守ることが大事だと伝えます。ワーク中は，プロセスを中心に話し，内容については話しません。つまり，私たちは，フォーカサーや聴き手として参加するというのはどういう体験だったか，について話すのです。今まで話してきたように，フォーカサーは過去の記憶や出来事について，詳細を話す必要はありません。ですがもしそれらが話された場合にも，聴き手は話された内容を他の人に話してはいけません。ワークショップ中に話された個人情報はワークショップの中だけで共有されます。

ハンドアウト6A：ルーミーの詩　＃1「ゲストハウス」

人は，ゲストハウスだ
毎朝，新しい訪問者を迎える。

喜び，憂鬱，卑屈，
つかの間の思いが，
予期せぬゲストのようにやってくる。

歓迎し，楽しませよう，それらのすべてを‼
たとえ彼らが悲しみの群集で，
あなたの家の家具を力づくで払いのけ，
空っぽにしてしまったとしても，
それでもゲストの一人一人に，尊敬をもって接しよう
彼は，何かあなたに新しい喜びをもたらすために
あなたの中を掃除したのかもしれない

暗い考え，恥，悪意，
彼らをドアのところで笑って出迎えよう
そして彼らを招き入れよう

誰が来ても有難く思おう
なぜなら
その一つ一つが，神から遣わされた
ガイドなのだから。

作：ジャラール・ウッディーン・ルーミー
訳：コールマン・バークス

ハンドアウト6B：フォーカシング　#2

私は，自分が一人ではないこと，神が今ここで私のそばにいてくれているということを思い出しています。

私は時間を取って自分のゲストハウスの中に居ます。私はからだを感じています。まず最初にからだの外側を，そして内側の，のどや，胸や，お腹のあたりを感じています。…

私は，内なるゲストを招きます。私に注意を向けて欲しがっているものは，何であってもゲストです。…

＊＊＊

私は，何かに気づいています…

私はこのゲストに，こんにちはと言っています…

私はそれがからだの中でどんなふうなのかを，一番しっくり言い表せるような表現を探しています。

私は，そうしてもらいたいときに，リスナーに伝え返しをお願いします。

私はその言葉をからだで確かめています。

＊＊＊

私はただゲストと一緒に居ても OK かどうか，見ています。

私は，興味と優しさを持ちながら，ゲストのそばに座っています。

私は，それが気持ちや思いを持っているかどうか，感じています。

私は，そうしてもらいたいときに，リスナーに伝え返しをお願いしています。

私は，それに，私が聴いているということを知らせています。

私は，ゲストに，もっとあなたのことを教えてくれるよう，お誘いしています。

＊＊＊

私は，もうじき終わりにしても OK かどうかゲストに確かめています。

私は，また喜んで戻ってきたいですと，それに伝えています。

私は，からだと，ゲスト，そしてアッラー（あるいは神聖な存在）に，感謝をしています。

私は，内側から出てきて，今，ここに戻ってきました。

ハンドアウト6C：パットによるリスナーのためのガイド

- アッラー（あるいは神聖な存在）が私たちと共にここにいてくださることを思い出すための時間をとりましょう。

- 準備ができたと感じたら，からだを感じていきましょう。最初はからだの外側を。それから内側の，のどや，胸や，おなかのあたりを感じましょう……（フォーカサーが内側に入っていくのと同じように，あなたも，ご自身の「穏やかで安全な場所」に行きましょう）。

- 次に，少し時間をとって，あなたの「穏やかで安全な場所」で過ごしましょう。……（ここでは間をとり，フォーカサーが自分の内側の「穏やかな場所」に行く時間を持ってもらいましょう。そろそろ進んでもいいと感じるときが来たら教えてもらうようにし，フォーカサーを待っていましょう）。

- もうそろそろ準備ができたようでしたら，あなたのゲストハウスに行きましょう……。（間）

- 内なるゲストを招きましょう。あなたに注意を向けて欲しがっているものは何でも，ゲストになります。……（間）

＊＊＊

- 何かがあるのに気づいたら，教えてください。……（フォーカサーが話すのを待ち，フォーカサーが話したことを伝え返します）。

- ゲストに，サラーム（こんにちは）と伝えてもいいかもですね（間をとり，あなたの中のプレゼンスを意識しましょう。次のことを言ってもいいとフォーカサーが伝えてくれるのを待っていましょう）。

- それでは，それがからだの中でどんなふうなのかを，一番しっくり言い表せるような表現を探してみてもいいかもですね（間をとり，フォーカサーが話すことを伝え返します。次に進んでいいとフォー

カサーが知らせてくるまで，待っていましょう……）。

＊＊＊

- ただゲストと一緒にいても OK かどうか，見てみましょう。……（お誘いのたびに，間をとって，フォーカサーが準備ができたと知らせてくれるのを待ちましょう）。
- 興味と優しさを持ちながら，ただゲストのそばに座って過ごしてみましょう。(間)
- もしかしたら，それが気持ちや思いを持っているかどうか，感じ取れるかもですね。(再び間をとり，フォーカサーが話すことを伝え返します。……それから次のお誘いをします)
- あなたは，言葉をゲストに確かめてもいいかもですね。(再び間をとり，フォーカサーが話すことを伝え返します。……それから次のお誘いをします)
- それに，あなたが聴いているということを知らせることもできますね。……（再び間をとり，フォーカサーが話すことを伝え返します。……それから次のお誘いをします)
- ゲストに，もっとあなたのことを教えてくれるよう，お誘いするのもいいかもですね。……（再び間をとり，フォーカサーが話すことを伝え返します。……それから，このお誘いを繰り返しては間をとり，フォーカサーが，ゲストが今はこれ以上伝えてくることが無いようだと言うまで続けます。)

＊＊＊

- もうじき終わりにしても OK かどうかゲストに確かめてもいいかもですね。……（間をとり，それから次のお誘いを言います)
- あなたはゲストに，ゲストがあなたに何を求めているか，尋ねることもできるでしょうね。それはおそらくあなたの生活や人生をよくするためのことかもしれません。(再び間をとり，フォーカサーが話すことを伝え返します。……それから次のお誘いをします)
- もしそうしてもよい感じがしたら，あなたがまた戻って来たいと

思っているとゲストに伝えましょう。……（間をとり，次に進ん
でOKとフォーカサーがあなたに知らせてくるまで待ちましょう）

- からだと，ゲスト，そしてアッラー（または神聖な存在）に感謝
をするための時間をとりましょう。……（フォーカサーがそれを
する時間をとります）

- これでいいかな，と感じたら，注意をこの部屋に戻してきて，ゆっ
くりと深呼吸し，目を開けてください。

第7章

プレゼンス

　トレーニングを始めた当初はそんなつもりはなかったのですが，フォーカシングはスピリチュアルな存在と深くつながっていきやすいということに私たちはすぐに気づきました。それはいろいろな文化において，何度も何度も生じました。私たちが神について触れることはありませんでしたが，参加者がすぐにそれを持ち込みました。そして内側を感じているとき，彼らはしょっちゅう，「プレゼンス」を感じました。

　ですがみなさんは，「プレゼンス」をスピリチュアルなものとして考えなくて大丈夫です。私たちは「プレゼンス」を，内なる「ゲスト」と一緒にいる方法として教えます。訪れるものが何であっても，それにスペースを与え，それに対して判断したり，こうなるはずだというゴールを想定したりしないで，優しく思いやりを持つ態度，そんなふうにプレゼンスを理解してください。「プレゼンスでもって」何かと共にいることは，それに対して優しく，好奇心を持ったまなざしを注ぐことであり，「何か」あるいは「ゲスト」が望んでいることが何であるとしても，それを喜んで教えてもらおうとすることです。プレゼンスの状態でいること，とは，注意を向けてほしがっているあなたの一部と，それがどこであれ，穏やかに一緒にいることです。

　プレゼンスの状態を体験する方法について，バーバラ・マクギャバン

とアン・ワイザー・コーネル博士という二人のフォーカシング・ティーチャーが，分かりやすいやり方を考案しました。二人は「セルフ・イン・プレゼンス」という表現を用いて，プレゼンスの状態をこう説明しています。「私たちのセルフがプレゼンスの状態にあるとき，私たちは，状況全体を感じ取りながら，流れとともに行動することができています。……今・ここと繋がって，環境と自由に相互作用をしています。私たちはこの状態をセルフ・イン・プレゼンスと呼んでいます。（これ）は，私たちの中にあって見つけ出さないといけない何か，ではありません。外界に開かれ，世界の中で行動するとき，すなわちそこにいて，穏やかで，ほどよく友好的で，好奇心を持っていれば，今，自分はセルフ・イン・プレゼンスである，ということができます。私たちが自分自身を内側から体験するとき，自分の状況の複雑さをそのまま感じるとき，自分自身の中の，回復を必要としている側面のために，内なる安全な環境をしつらえるとき，私たちはセルフ・イン・プレゼンスであるといえるでしょう」（https://focusingresources.com「こころの宝探し」2008年）。

　そして驚くべきことに，ルーミーの詩でもプレゼンスは取り上げられています。

　イスラムにおいて，プレゼンスの状態で何かを抱えるとは，神の恩寵と愛に助けられて行う行為です。私たちが，自分を，「最大の愛のプレゼンスに包まれた愛の人」であることを見出すのはこのようなときです。アフガニスタンの人は，フォーカシングはとてもスーフィ[12]的だと私に言います。ある男性が私に話してくれたのですが，自分はスフィズム[13]を何年も学んできたのだけれど，私たちとかかわる前にはどうすればプレゼンスに至れるのか，まったく分からなかった，ということでした。多くのアフガニスタンの人は，祈りをささげるときに，今，自分はフォーカシングを一人で行っているのだな，というふうに両者を結びつけています。

　タリバン[14]の兵士がたくさんいるある地域で，アメリカ・フレンズ奉

訳注12）イスラム教の神秘主義。

　　13）イスラム教の神秘主義哲学。

　　14）イスラム原理主義の組織。

> 私達が今，持っているこれは，幻想では
> ありません。
> これは悲しみでも喜びでもありません。
> 判断のモードではなく，得意気でもなく，
> 悲しみでもありません。
> 来ては，去っていく。
> それは存在し，そして存在しない。
>
> 作：ルーミー
> 訳：コールマン・バークス

仕団の組織のための心理社会的トレーニングプログラムを指導してきたチーフ・トレーナーが，トレーニングを続けることに神経質になっていました。彼女のクラスにいた一人の男性は，明らかにプロのイスラム原理主義の兵士でした。彼女はその男性がフォーカシングをどう思うだろうかと，不安に思っていました。しかしある日，彼女はオフィスに素晴らしいニュースを持って帰って来ました。その男性は，彼女の心配をよそに，授業中に立ちあがって，こう言ったというのです。「これこそ真のイスラムだ！　皆がこのフォーカシングと，心理社会的ウェルネス・プログラムを学ぶべきだ」と。彼は地域のモスクにこのトレーニングを持ち帰り，そこでフォーカシングのクラスを教え続け，そしてそれはプロジェクトの予算措置終了後も続けられました。このモスクでのコミュニティ・ウェルネス・フォーカシングは5年以上も続き，コミュニティからよく受け入れられました。

　フォーカシングを心地よいものとして感じたのはイスラム教の信者だけではありませんでした。日本人も，内側を感じる伝統を有しています。日本語は，相手の話の意味を察するという，ある種の曖昧さを有しています。つまり人の言わんとするところを理解するには，相手に心を寄せていなければなりませんし，状況全体を把握し，そこに入り込んで感じる必要があります。おそらくこのような背景があるために，日本ではフォーカシングが広まりやすく，そして今，コミュニティ・ウェルネス・フォーカシングがスムーズに広まっているのでしょう。

　仏教の瞑想文化もフォーカシングと相性がよいものです。瞑想者は，判断をせず，バイアスを持たず，こう変化してほしいといった望みを一切持たないように，自分をトレーニングしています。もし，瞑想者が目標というものを持っているとしたら，それは，目標を持たないという目標であり，

心に開かれ，思考から心を解き放つという目標でしょう。これもプレゼンスの一形態です。フォーカシングではそこに，からだへの気づき，気持ちやイメージに開かれていること，からだで感じられる意味（bodily-felt meaning）のいかなる変化にも特別に注意深くあること，といったものが加わります。デイヴィッド・ロームが開発したマインドフル・フォーカシングは，これらをミックスしています。ロームはジェンドリンのフェルトセンスのフォーカシングと仏教のマインドフルネスに基づく気づきの訓練とを融合させています。詳細は彼の本『マインドフル・フォーカシング──身体は答えを知っている』（創元社，2016年 日笠摩子・高瀬健一訳）に述べられています。

　キリスト教の宗教文化の中では，聖霊の影響として記述されている内容が最もよくプレゼンスの概念を表現しているでしょう。1970年代の初頭，心理学者でありカトリックの司祭であるピーター・A・キャンベルとエドウィン・M・マクマホンは，「フォーカシングとスピリチュアリティのつながりを開拓しはじめました。彼らは，感じられた意味を体験することができるからだの力が，聖霊を体験するための秘められたかけはしであると見出したのです」（キャンベル＆マクマホン「バイオスピリチュアリティ」を参照）。

　1975年に彼らは，バイオスピリチュアル研究所を設立しました。それは，バイオスピリチュアル・フォーカシングを日常生活で実践している，年代も背景も多様な人たちで構成されるネットワークです。この研究所は，どこの教会にも，政治団体にも，国にも，利権にも関与していません。彼らの2冊目の本のタイトル『Rediscovering the Lost Body-Connection Within Christian Spirituality: The Missing Link for Experiencing Yourself』（2011，未訳）は，彼らのアプローチを象徴しています。

　どんな文化にあっても，自身の内なる感覚に穏やかな注意を向け，その状況や事柄を自分がどのように体験しているか，丸ごとそのまま感じることによって，私たちは皆，恩恵を受けることができるように思われます。そんなふうに内側に注意を向けてあげる時間を，今よりももっととるようになるにつれて，驚くような結果が訪れて，私たちは「シフト」，つまり，

その状況に推進が起こる新しいやり方を，しばしば体験できるようになります。自分の次のステップはどんなものであり得るのか，どのような行動がこの人生をよいほうに前進させるのか，私たちはしょっちゅう，感じることができるようになります。けれども，解決法が見つかることよりももっと重要なことは，問題に対する自分の関わり方に変化が起きるということです。このシフトは，自分の外からもたらされたギフトのごとくに感じられ，私たちを深い感謝の気持ちで満たしてくれることでしょう。

　そして私たちが行うことといえば，すべてに開かれていること，です。そこにあるものをプレゼンスで抱える——自分の気持ちや，事柄，私たちの前に立ちはだかる悩み事と，プレゼンスでもって共にいる——それがフォーカシングのエッセンスです。

　これは，簡単なことではありません。もし感情がとても強いものであったり，状況が圧倒的であったりするようなときには特にそうです。このような場合，そしてプレゼンスの状態になることが難しいように思われるときは，何が邪魔をしているかに気づいて，「それ」に対して優しく親切にするとよいのです。そうしていると自然に，私たちはプレゼンスの状態になっています。プレゼンスの状態になるために，その邪魔をしているものとがんばって戦う必要はないのです。私たちは，自分をせき止めているものが何であっても，ただ「からだを伸ばして」，それを包み込めるよう大きくなるのです。私たちはその状況「全体」と共に優しく穏やかに座って，自分の注意のすべてをそれに向けていきます。怖れでいっぱいだったり，圧倒されていたり，不安がっていたり，といった部分に対しても，そうしていくのです。

もっと知りたい人のために

　マクギャバンとコーネルの記事「こころの宝探し」は，こちらでご覧になれます。

　　https://focusingresources.com/our-library/#articles

　デイヴィッド・ロームの瞑想的アプローチと彼の書籍は，こちらでご覧になれます。

https://mindfulfocusing.com/ （デイヴィッドのウェブサイト）

キャンベルとマクマホンの記事「バイオスピリチュアル・フォーカシング」は，こちらでご覧になれます。

http://www.focusing.org/biospirit.htm

キャンベルとマクマホンのウェブサイト：

https://www.biospiritual.org/

スフィズムとプレゼンスに関することは，こちらをご参照ください。

Living Presence（Revised）: The Self Path to Mindfulness and the Essential Self by Kabir Helminski. Random House, New York, NY. 2017.（未訳）

ワーク7A　プレゼンスを定義する

目標：プレゼンスを紹介し，この概念の糸口を掴んでもらい，参加者が自分の生活にどう適用できるかを考えられるようにします。

用意するもの：紙と鉛筆。使いたければハンドアウト7A。参加者には，自分のノートを持ってきてもらってください。

時間：20分

＊＊＊

説明

　プレゼンスとは，何かを，以下のような在り方で抱えていることです。
- ジャッジしない
- 目標やテーマを持たない
- 偏見や先入観を持たない
- あなた自身の感情や，他の人の感情に対して，変えたいとか，コントロールしたいとか思わない

　プレゼンスは，何か（自分，自分の一部，または他の人）を「優しさ」で包むこと，と言ってもいいでしょう。プレゼンスと，プレゼンス言語は，フォーカシングにとってとても重要です。心理社会的ウェルネスのための仕事をしているとき，どんなグループを相手にしているときでも，この2つがとても重要だということに私たちは気づきました。プレゼンスによって，「ゲスト」との本当にちょうどよい距離が見つけやすくなります。そして私たちは，やってくるものすべてを，深い思いやりを持って抱えることができるのです。

感じる

　優しく，判断をせずに受け入れられるとどんな感じがするのか，感じる時間をとりましょう。それは，誰かがあなたの話を聞いてくれて，本当に何もジャッジしないでいてくれたときのことかもしれないですね。その人は，あなたが話した内容が何であれ，その瞬間のあなたをそのまま，受け入れてくれたのでしょう。

書き留める

　どんな感じがしましたか？　あなたのその体験にぴったりくる言葉や，フレーズを探してみましょう。

シェア

　お近くの人と，あなたが見つけた言葉やフレーズをシェアする時間をとりましょう。さらにもっと他の言葉などが出てきたら，それも書き留めたりしてもいいですね，自由に行ってください。

ディスカッション

　体験を全体にシェアしても大丈夫という感じを参加者が持てるなら，全体でのシェアの時間を持ちましょう。特に，参加者が共通して感じたプレゼンスの特徴に注目します。

ワーク7B　感謝の場所を見つける

目標：感謝の気持ちを通して，プレゼンスを体験してもらいます。

用意するもの：ハンドアウト 7A（必要であれば）

時間：20〜30分

＊＊＊

　朗読します。「私たちが今，持っているこれ」というルーミーの詩を読みます（本章末尾，ハンドアウト7A）。心地よいものであれ，苦痛なものであれ，感情はずっとここに留まり続けるわけではない，ということに気づいてもらいます。

　尋ねます。この詩に対するコメントをもらいましょう。例えば次のようなものです。
- プレゼンスは永続しますが，大事に育てないといけないものです。まずポジティブな状況や感情についてプレゼンスでいることを練習すると，難しい状況や感情にもプレゼンスで居られるようになるでしょう。
- プレゼンスは親切な態度であり，あなた自身や他の人の中にある何かと「ただ一緒にいる」態度です。
- プレゼンスでいるとき，あなたは，あなた全体であり，穏やかです。
- プレゼンスの中で，あなたは，自分自身や他の人の内なる状態を感じ，育みます。

　練習します。グループのみなさんに，日々の暮らしの中で自分が感謝の思いを持っている誰かを思い浮かべてもらい，そこからプレゼンスを見つけていきます。とても小さな感謝であっても全然かまいません。

- リラックスしてもらい，あなたの「静かで安全な場所」に戻りましょうと，いざないます。
- その静かで安全な感じで，「何か感謝を感じるもの」を包んでみましょう，と声をかけます。
- あなたのからだの中の，感謝を感じている場所を感じましょう。
- 感謝がからだでどう感じられているか，感じましょう。
- この部屋に戻ってくるとき，その感情を，持ち帰ってきてください。

ディスカッション

このエクササイズはあなたにとって，どうでしたか？　体験をシェアしたい方はいますか？

- 「感謝を感じている場所」を感じ続けることが難しかったという人がいれば，そのことについて取り上げましょう。もし，「自分がそこにうまくいられなかったな」という感じがあったとしたら，それは「今はそのときじゃないよ」とからだが教えてくれているのです。自分にとって，今はその時期じゃない，と分かることにも意味があります。
- プレゼンスになることができましたか？
- 内側を感じてみるのは簡単でしたか，それとも難しかったですか？

トレーナーへの注意

この章の内容を教える前に，友だちか家族を相手にして，プレゼンスへと誘う練習をしておきましょう。そうすることでグループを落ち着いてリードすることができます。アートや詩，その他，プロセスを進めるために役立つものを使いましょう。

ワークショップでプレゼンスについて話す際，あなたにとってそれがどんなふうに感じられるか，その感じの質を話してもいいですね。けれども，それはあなた自身がプレゼンスでいるための自分のやり方だ，ということをはっきり伝えるようにしましょう。参加者がプレゼンスを見つける助けになる共通点はあるでしょうが，プレゼンスを感じるためのやり方は，人それぞれです。

新しいことを学んでもらうにあたって，グループに安心感や心地よさがあることが大切です。シェアしても大丈夫，と感じることだけを話してもらうようにし，シェアしたくなければまったくしなくてもよい，と伝えます。参加者が話す際には，その一人一人に対してプレゼンスの態度で接してモデルを示しながら，ディスカッションを促進します。それぞれの人に対して，話してみて何か他に浮かんでくることはありますかと，問いかけましょう。

　もし，ワークショップの早い段階でプレゼンスについて話せば，参加者はそれをフォーカシングの重要なプロセスだとみなすでしょう。ですから短時間のワークショップの場合，私はしばしばこの，感謝についての章を冒頭に持ってきます。

ワーク7C　プレゼンスがあなたの文化にどのようにフィットするでしょうか

ディスカッション：プレゼンスがどのように世界中に存在しているか，話し合いましょう。プレゼンスはさまざまに表現されますが，内なる態度は同じです——判断したり，コントロールしようとしたりせず，スペースを優しく抱えているという態度です。

　みなさんの文化や生活の中の，どこにプレゼンスの例を見出せますかと，参加者に尋ねましょう。あなたのコミュニティの中で，深く思いやりを持った優しさを表現しているものは何でしょうか？

　まず書いてもらい，それからグループでシェアしてもらいます。それは詩や詩人，宗教書，象徴であるかもしれません。出されたものはカードまたはフリップチャートに書き，部屋の壁に貼りましょう。

宿題

　体験したことをどのようにして，家族や友だちと共有できるでしょうか？　あなたが日常で会う誰かに，プレゼンスの概念について伝えてみる，というのが宿題です。あなた自身がプレゼンスでもって何かを抱えていることに気が付いたら，それを意識する，ということもしてみてください。そんなときには，手帳に記録したり，次に会うときに，どうぞシェアしてみてください。

ハンドアウト7A　ルーミーの詩　#2　「私たちが今, 持っているこれ」

私達が今, 持っているこれは, 幻想ではありません。

これは悲しみでも喜びでもありません。

判断のモードではなく, 得意気でもなく, 悲しみでもありません。

来ては, 去っていく。

それは存在し, そして存在しない。

作：ルーミー

訳：コールマン・バークス

第8章

よい聴き手，よい話し手

　WHO（世界保健機関）の医療人類学者としてリベリアへ派遣されていた当時，私には他の人の話を聞く機会が多くありました。しかし，効果的に聴き手を務めるためには，自分自身のつらさや大変さについてもしっかり耳を傾ける必要がありました。エボラのような伝染病は戦争よりもたちが悪いのです。戦争では，ロケットの音が聞こえ，危険がどこからやってくるのかを察知することができます。伝染病の場合，そうはいきません。安全かどうかも分かりませんし，どこに危険が存在するのかも分かりません。エボラは体液との接触によってのみ感染するとは知っていましたが，湿った面でウイルスがどのくらいの期間生きているのかは分かりませんでした。

　私たちにとっては，他のどんな病気にもならない，ということも極めて重要でした。どんな発熱も腹痛も，エボラだ，とみなされかねない状況でインフルエンザにでもなったら？　発展途上国では一般的な胃腸感染症や季節性のマラリアに罹患したら？　そうなったら，エボラ患者と一緒に隔離されるかもしれない。こんなふうに過剰に不安になってしまう（あるいは強迫的になってしまう）のも不思議ではありません。

　初めて到着した当時，この病気は手に負えない状況に陥っていました。

政府のエボラ・タスクフォース会議に出席した際，出席者が全員，恐怖に
あおられ，些細な問題について言い争っていることに気づきました。私は
自分の命の危険を感じながらホテルへ戻りました。ショックを抱えたま
ま部屋で座り込み，先ほど聞いたことを頭の中で整理しようとしました。
「パット！　今度は一体何に首を突っ込んでしまったんだ？　無事に帰れ
るかどうかも危ういなんて」と思ったのです。

　小さく暗いホテルの部屋で，頭を抱え込んで机の前に座りました。涙が
止まりませんでした。私はパソコンをじっと見つめました。リベリアはイ
ギリスと同じタイムゾーンです。フォーカシング仲間に連絡して，誰かに
聴き手になってもらおう，このしんどい気持ちを整理できるよう手伝って
もらおう，と思ったのです。まだ起きている友人が数人いて，フォーカシ
ング的なプレゼンスで相手をしてくれました。他の仲間は後から連絡をく
れて，いつでも連絡してきて構わない，と言ってくれました。次々に差し
伸べられるサポートは私にとって本当にありがたく，恐怖に立ち向かい，
仕事を続ける力を与えてくれました。

　ここでこの話を紹介するのは，心理社会的ウェルネスが悩める市民に
とって大切なのと同じように，医療従事者にとっても大切なのだというこ
とをお伝えするためです。また，人生の試練に立ち向かうとき，心理社
会的ウェルネスが，身体的ウェルネスと同じくらい大切だということを
示すためでもあります。そしてありがたいことに，精神的なサポートは，
フォーカシングを通して，いつでも，どこでも，得ることができるのです。
あのときに聴き手を見つけることができなかったとしても，いずれは自力
で立ち直っていただろうとは思います。しかし，インターネット越しで
あったとはいえ，一緒にその場にいてくれて話を聴いてくれる友や同僚が
いたことで，私のつらさがずいぶんましになり，エボラの試練にいくぶん
か耐えやすくなったのは事実です。

　この経験を通じて，他の援助ワーカーの大変さにも敏感になりました。
私はオフィスにこまめに足を運び，デスクの端に座り，ワーカーたちに，
目を閉じて静かで安全な場所にいるのを想像しながら小休憩をとるよう勧
めました。思いやりと共感のプレゼンスが，お互いに与えることのできる

最良の贈り物となるときがあります。最も悲惨な状況においても，話を聴いてくれる誰かがいることで，驚くほどの癒やしを得ることができます。したがって，批判したりどちらかの味方についたり，あるいは達成すべき目標を持ち出したりすることなく，ただその人の聴き手になる，というのはその人に与えることのできる最良の贈り物です。リベリアでの私にとってもそれは本当にありがたい贈り物でした。

　ダルマ（仏教）の教師であり，死にゆく過程の支援を行っているキャスリーン・ダウリング・シン（Kathleen Dowling Singh）は次のように記しています。「完全で集中した注意という贈り物は，互いに与え合えるもっとも親切な贈り物の1つです」。（"The Gift of Attention", K.D. Singh, The Wisdom of Listening", Brady, M.編, Wisdom Publishing, MA, 2003, 未訳）。

　フォーカシングの創始者であるユージン・ジェンドリンは次のように述べています。「人とワークすることの本質は，生きている存在としてそこにいることです。これはラッキーなことです。なぜなら，もし私たちが頭脳明晰であったり，善人であったり，成熟していたり，賢い人間であったりしないといけないのであれば，それはとても大変です。しかし，大事なのはそんなことではありません。大事なのは，その人に対して人間としてそこにいること，そして，その人をそこにいるもう一人の人間として認識することです」（Eugene Gendlin，ルーヴェン会議での発言，1989）。

　最終的に，市民や保健支援部門の心配や不安の相談相手になることは，2014年から2015年のエボラ危機の際に，私の主な仕事の1つとなりました。人類学者は，人の話を聴き，相手の視点を理解するよう訓練を受けています。しかしこれは，やろうと思えば誰にでもできることなのです。

　というわけで，私の研究手法の大部分が，共感的に聴くことに支えられていたのは当然ともいえます。私と現地研究者のチームは，不安で怯える人々に会い，こんなふうに言いました。「世界保健機関（WHO）から来ました。エボラについてみなさんが私たちに分かってほしい，と思っていることを教えてください。みなさんのからの情報はとても大切です。すべてのお話をきちんとお聞きするため，チームを作りました。エボラやあなたの地域で今起こっていることについて，分かってほしいと思っておられる

ことはすべて書き留めていきます」。この作業は，批判することも，何か特定の話を聞きだそうという意図もなしに進められました。このオープンで共感的な態度のおかげか，現地の人は進んでいろいろと話してくれました。

　このようなグループとの面接の過程は，フォーカシング・セッションの5つの「ステップ」のようでした。つまり，

　1. 入室し，挨拶をする。
　2. 聴いてほしいことは何でも聴くようにする。
　3. 言われたことを伝え返して，言われたことをちゃんと聴いているということを示す。
　4. 他にも話しておきたいことがないか，尋ねる。
　5. 話してくれたことに感謝する。

　聴いてもらえた，と思ってもらえると，グループ全体の雰囲気が変わり，不安な気持ちがいくぶんか和らいだのを感じることができました。1か月後にその地域に戻ってくると，その同じコミュニティが，積極的なセルフヘルプや地域ケアに取り組んでいることがよくありました。

　聴くことについての話をもう1つ，今度はパキスタンの事例についてお話しします。ワジドはフォーカシング・トレーナーで，ソーシャルワークの経験がありました。彼はフォーカシングを日常の交流に頻繁に取り入れており，次のような話をしてくれました。「キサ・カニ（Kissa-Khani）の聴き手」という話です。

　　先週，私はナランへ行ってきた。その帰り道，「話し手の市場」を意味するキサ・カニ・バザールへとつながる荒地近くの道路で土砂崩れがあったため，2時間ほど立往生した。パキスタン各地からやって来た運転手や乗客が，周囲で立ち話をしていた。彼らはみんなストレスを感じていた。道が遮断されていたことではなく，日々の生活全体における緊張が主な原因だった。
　　みんながそれぞれに話をしていたが，誰も相手の話は聴いていなかっ

た。私は３人の男性に声をかけ，一緒に土砂崩れの向こうまで歩いて，反対側で何が起こっているのか様子を見に行こうと誘った。散歩の目的は集団から彼らを離し，少人数でやりとりできるようにすることだった。向こうに行って帰ってくる間，共感を持って互いの話を聴くようにした。一人はサービス業の専門家，一人はプンジャブの地主，そしてもう一人はナランのジープの運転手だった。こんなに立場の違う我々が出会う機会はもう二度とないだろうから，互いの話を聞く機会にしようと提案した。まったくの他人だったので，知っている人には話せないようなことも話せた。それでも，自分が無理をしない範囲で話をしようと提案した。

　素晴らしい経験だった。語ることや聴くことを含めて，いくつかのコミュニティ・ウェルネスのエクササイズを活用したが，一緒に過ごしたその数時間で，彼らの気分が変わり，人生に対する見方が変わった。別れ際，彼らは私が誰なのか尋ねた。私は，「キサ・カニの話し手のことを知っている？」と尋ねた。聞いたことがあると答えたので，「私はキサ・カニの聴き手だ」と言った。世の中には，話し手よりも聴き手の方がもっと必要だと思う。今日のこの小さな我々のグループのことは「キサ・カニの話の聴き手（Kissa-Khani Story Listeners）」と呼んでもいいかもしれない。

ワーク8A　よい聴き手の性質

目標：このワークで参加者は，よい聴き手とはどのようなものかについて学び，他の人の聴き手になる練習をします。どのようによく聴くかを学ぶことで，本当の意味で相手と一緒にいる，とはどういうことかを理解します。優れた聴き手になることで，自分自身に対しても優れた聴き手になっていくことができます。

用意するもの：フリップチャートとマーカー

時間：30分

＊＊＊

思い出してもらう

次の内容をグループに提案しましょう：

- ゆったりと腰掛け，深く息を吸って，ゆっくりと吐きます。注意をからだに向けていきましょう。腕から手，ふくらはぎから足先……，椅子と触れている部分はどんな感じでしょうか……。次に，注意を内側に向けます。からだの内側，喉，胸，胃，おなかのあたり……。
- 今度は，自分がしっかりと聴いてもらえたときのことを思い出しましょう。それはからだではどんなふうに感じられるでしょうか。そのときの記憶をからだの中に思い起こすと，今，どんな感じがしますか。この記憶と一緒にどんなイメージ，フェルトセンス，言葉が浮かんできそうでしょうか。それを感じてみましょう。
- この感じを感じ続けながら，その人が言ってくれたこと，してくれたことの何が，ああこの人は本当にしっかりと自分の話を聴いてくれているんだな，と感じさせてくれたのか，そのことに注意を向けてみましょう。そのときのことを思い出すと，からだではどんな感じがする

でしょうか。この感じをからだのどこで感じるか，に気づいてみましょう。その感じを表すようなジェスチャー，言葉，フレーズ，あるいはイメージは何かありそうでしょうか。

- 少し時間をとって，この体験について何を話したい感じなのか，感じてみてください。
- 準備ができたら，この部屋に注意を戻していきましょう。

ディスカッション

- フォーカシングが初めてのグループの場合，このエクササイズがやりやすかったかどうか，フェルトセンスを感じることができたかどうか尋ねましょう。
- 自分の記憶についてのフェルトセンスについて話したい人がいるかどうか尋ねましょう。
- よい聴き手とはどういうものか，という話が出たら，その内容をフリップチャートに書きましょう。

もう一度思い出してもらう

先ほどの思い出してもらうプロセスを繰り返します。ただし，今度は，自分自身が他の誰かの話をしっかりと聴いたときの記憶を感じてもらいます。それはからだでどんなふうに感じられるか，やってみてもらい，その記憶とともにどんなイメージ，フェルトセンス，あるいは言葉が出てくるか，時間をとって感じてもらいます。

再度のディスカッション

- 自分自身の記憶についてのフェルトセンスを話してくれる人がいないか尋ねましょう。
- よい聴き手とはどういうものか，という話が出たら，その内容をフリップチャートに書きましょう。

リスニングを定義する

よい聴き方の定義は文化によって違ってくるので，このグループでの定義を決めなくてはならない，と説明します。以下の質問をしましょう。

- あなたにとっての，よい聴き方とは？
- 相手が本当に聴いてくれている，ということはどこから分かりますか？
- 何をもってきちんと聞いてくれていないと分かりますか？
- あなたのコミュニティで，よい聴き方に関することわざや格言などはありますか？

このときには，説明，ジェスチャー，言葉，フレーズをどんどん出してもらうようにします。発言をフリップチャートに記録し，リストを全員に見えるようにして，これらを後から参照できるようにしておきます。参加者には，追加でアイデアが浮かんだら，このリストに書き足してくださいと伝えましょう。

リストに挙がるかもしれないこと：

- 「聴く」とは誰かが話してくれることを「聞く」ということである。
- 「聴く」とは誰かが考えや気持ちを言えるようなスペースを作ることである。
- 「聴く」とは問題を修正・解決しようとせずに聞くことである。
- 受け身ではなく，能動的で関心を持ち，注意を向けている状態。
- アイコンタクト（ただし，文化により異なる）。
- 脇道にそれないこと，あるいは脱線してもすぐに戻って来ること。
- 親身になって聴くこと。
- 辛抱強いこと。
- 非言語のメッセージを感じとること。
- 助言や批判を行わないこと。
- 相槌を打ったり，うなずいたりすること。

さらに，各参加者が，きちんと聴いていることを他の人にどう分かって
もらうか，についても，必ずリストにしてください。必要な場合，フリッ
プチャートの別のページを使うか，各参加者に自分でリストを作っても
らってください。
　そして，聴く方法が年齢や性別でどう違うのかな，とグループに尋ねて
みてください。
　よい聴き手とは何か，について，ブレインストーミングをしてみてもよ
いかもしれません。各参加者に，思いつくものを1つずつ挙げてもらって
ください（ブレインストーミングについては，第11章とハンドアウト11A
で説明しています）。
　時間があれば，10分間のロールプレイを行って，参加者に，優れた聴き
方と悪い聴き方の比較をしてもらいましょう。第9章のワーク9Cを利用
してください。

トレーナーへの注意

　グループからフィードバックを受ける際は，必ず，優れた聴き方のモデ
ルとして実際にやってみせるようにしてください。聴いてもらっていると
感じたことがないとか，誰かの話をきちんと聴いたことがないという人も
いるかもしれません。そのような話が出た場合は，それを必ず伝え返すた
めの時間をとりましょう。ちゃんと聴いてもらったことなどない場合でも，
聴いてもらうとはどんな感じなのかを想像して，こんな感じかな，とから
だで感じてみることはできるかもしれないですよ，と優しく提案してみて
もよいでしょう。
　よい聴き手の定義は文化によって異なるので，それを一義的に決めるこ
とはできません。例えば，多くの西側の書籍にはアイコンタクトが大事だ
と書かれていますが，別の世界ではそれは失礼だと思われたり（若者が年
長者をじっと見る，など），性的に誘っている（男女間でのアイコンタク
トなど）とみなされたりします。聴いている，ということを示すための方
法は文化によって異なります。あなたはトレーナーとしてそこの文化をよ
く知っているのかもしれませんが，それでもグループが自分たちで自分た

ちの定義を見つけられるようにしてください。

　また，参加者に，自分たちのコミュニティでは，実際にみんなはどう
やって聴いているんだろう，と考えてもらうのもいいでしょう。みんな
ちゃんとしっかり聴いているでしょうか，それとも，すぐにアドバイスし
ようとしてしまうでしょうか。グループにはそこを意識してもらいましょ
う。また，さらに内容を深めるためには，以下の質問に対するグループの
答えから，大事な点をまとめてリストを作ってみます。

- ちゃんと聴いてくれるのは誰ですか？
- その人たちは，どのように聴いてくれるのでしょう？

ワーク8B　話し手（ディープ・リスニング）

目標：このワークでは，参加者は，ディープ・リスニングを体験し，グループの誰かに話をします。

用意するもの：各参加者にハンドアウト8A と 8B（なくてもよい）

時間：約45分（語り 30分，ディスカッション15分）

＊＊＊

語り

　ハンドアウト8A と 8B を用意している場合は，それを配布します。

　何か自分の人生についての話を考えてもらいます。個人的な内容で，少し気持ちにかかわるようなものです。それから次のことをしてもらいます。

- この話をしても大丈夫かどうか，内側を確認してください。大丈夫でなければ，別の話にしましょう。
- 話を聞いてもらうパートナーを選びます。できれば，あなたのことをあまり知らない人を選んでください。
- 参加者全員で同時にこのワークを行うので，それぞれのペアは，物理的に他のペアと比較的距離が取れる場所を見つけてください。
- 一人が先に話し手となり，その後，交代します。どちらが先に話し手になりたいか，内側に確認しましょう。
- 話すときには，次のことを行う時間を自分のために取りましょう：
  - ○　内側に注意を向けて，話して大丈夫なこととそうでないことを区別する。
  - ○　話について，自分の中で起こってくる気持ちに気づく。
  - ○　からだでそのことをどんなふうに感じるかについて話す。
- 話を終える前に，他にも話しておきたいことがないか，確認しましょ

う。

聴き手に回っているときは，何も言わないでください。その代わり
- 注意を自分のからだに向けます。安全で美しく落ち着ける，そんな感覚を感じられるからだの場所に行きましょう。
- 次に，話し手と一緒にその安全な場所に座っているつもりで，話し手を自分自身の意識の中に抱えます。
- 落ち着いて，焦らず，興味を持ちます。
- しゃべらないで，相手の話に対する関心を示してもいいでしょう。「はい，そう，ウンウン」と言ったり，その他の文化的に適切な音声を使ったりしてもいいでしょう。うなずいたり，微笑んだり，表情で表現することもできます。
- タイムキーパーの役割もしながら（一人10〜15分が適当），残り5分になったら話し手に合図をしてあげるとやりやすいでしょう。

交代し，上記を繰り返します。

ディスカッション
- 話し手としては，どんな感じでしたか？
- 聴いてもらえるのは，どんな感じでしたか？
- 聴き手としてこのように聴くのは，どんな感じでしたか？
- しゃべらないで聴くことは難しかったですか（難しかった，あるいは難しくなかった）？　理由は何ですか？

宿題
　今夜帰宅したら，家族の誰かの話を10分間きちんと聴く時間を設けてください。聴く前に，今から何をするかとか，どうしてなのかとかを相手には説明しないように。こういった聴き方がどんな感じなのかをただ自分で感じてください。その後で，このワークのことについて説明し，あなたが何をしたのかを伝えてください。あなたが注意深く聴いたことで，相手

がどう感じたのか尋ねましょう。

　特に子どもの場合は，親がこのようにじっくりと，批判しないで一緒にいてくれる時間を，とても嬉しがります。

トレーナーへの注意

　このワークを実施する際は，人はふつう，相手の力になろうとすると，その人にアドバイスしたくなるものだということを覚えておいてください。しかし，フォーカシング初心者の場合，聴くときには自分は一切話さない，というルールにした方が，ただ聴くということに集中できます。不自然な状況ではありますが，これは重要なことを示しています——つまり，聴き手としてもっとも重要なこととは，そこにいるということです。

　以降のフォーカシングのワークでも，今回と同じように落ち着いた，焦らないプレゼンスを思い出してもらうよう，伝える必要があるでしょう。あなたが，自分が初めてそんなプレゼンスを経験したときの感じを思い出せれば，その理解を使ってグループの体験を促進することができます。そして，もちろん，ファシリテーターであるあなたは，機会があるたびに参加者に対し，このようなディープ・リスニングのモデルとならなければなりません。

ハンドアウト8A：話し手

注意をからだの方へ向けます……

- 足先から始まり……
- 次にふくらはぎ，太ももへ…….
- 背中…….
- 腕，肩…….
- 頭……
- そして，からだの真ん中あたりへ。

話したいことについて考えています……

- どんな話ならしても大丈夫だろう，と内側に確認しています……
- この話について内側で感じる気持ちはどんなものでも，気づいています。

このことについて話すための時間をとります。このことについて，からだがどう感じるのか，感じています……

- 話を終える前に，他にも言いたいことがないか確認しています……

話が終わったら，

- 相手に聴いてもらうことがどんな感じだったのかを感じてみます。
- 話をする以前と今で，何か違う感じがするかどうか，確認します。

ハンドアウト8B：聴き手

話し手に次のことを尋ねてください：
- 「私たちの距離は大丈夫ですか？」
- 「終了何分前に教えてほしいですか？」
- 語りの時間を計るのを忘れないようにしましょう（10〜15分）。

次に，黙って……
- 少しの時間，注意を自分のからだの方へと向けてください。
- 自分自身の中の，安全で穏やかで美しい場所に行きましょう。

それから，自分の注意を改めて話し手の方へと向けてください：
（その安全な場所で話し手と一緒に座っているつもりになってください）
- 優しく，落ち着き，焦らないでいましょう。
- つぶやきやうなずき，場合によっては表情も使って，興味を持っていることを示してください。
- 話し手の話を聴き，一緒にいてください。

終了時間が近くなったら：
- 「あと〜分くらいです」と伝えてください。

話を聴き終えたら，次のことに気づいてください：
- 助けようとせずに，ただ聴くのはどんな感じでしたか。
- 話し手と一緒にい続けるのが難しかったところはどこですか。
- 今，からだではどんな感じがしていますか。

第9章

ストレスと感情

　トラウマとなるような出来事を経験した人は，ストレスと感情について学ぶことが役に立ちます。本章で紹介するワークは，コミュニティ・ウェルネス・フォーカシング独自のものではありません。多くの精神保健プログラムで，同じような基本情報が提供されています。しかし，この分野で何がふつうで何がふつうではなく，そして何が文化的に受け入れられて何が受け入れられないかを知っておくことは，常に大事です。また，ストレスによって，「異常」な状態や，文化的に受け入れられない感情がもたらされることがあるというのを知っておくことも必要です。

　私は初めてのフォーカシング・ワークショップで，フォーカシングでストレスが和らぐことを発見しました。例えばワークショップ後のコメントで，ある援助ワーカーは，「昔の家族の問題や［アフガン］戦争のつらさがずっと自分にのしかかっていて，いつもそれで緊張や怒りがひどくなっていました。でも今ではだいぶよくなりました」と語りました。また別の男性は，驚いた様子で私を見ました。その人はストレス関連の痛みを長い間，わき腹に抱えていたのですが，そのことについてのフォーカシングで，痛みが消えたことに驚いたのです。このワークショップに参加したすべてのスタッフが，フォーカシングを通じ，母国の状況についての心配や不安があるにもかかわらず，以前よりも希望を持ちリラックスすることができ

るようになったと話しました。

　人口が密集したガザ地区の生活はとてもストレスが多く，市民は，60年にもわたる戦争，占領と封鎖に苦しんできました。パレスチナ人の心理学者，モハメド・アルタウィル（Mohamed Altawil）博士が2007年に設立したパレスチナ・トラウマ・センター（PTC）のウェブサイトでは，「約70万のパレスチナ人（大人と子ども）が，心理的，社会および医学的な緊急支援を必要としている。終わらない戦争，占領，封鎖によるトラウマにずっとさらされた結果，子どもたちは，ひどい心理的障害，社会的障害，行為障害に苦しんでいる」と報告されています。

　2007年当時，フォーカシングのことはガザ地区では知られていませんでした。しかし，モハメドは，心理学の研究のためにイングランドを訪れた際，フォーカシングに出会いました。彼は，フォーカシングがPTCに

やってくる子どもたちの役に立つのではと感じ，フォーカサーのチーム
を招いて PTC の職員にフォーカシングを教えるためのプログラムを開発
することにしました。チームに加わったのはモハメドと，イングランド，
アイルランド，オランダからやってきたフォーカサーたちでした（ジェ
リー・コンウェイ，メアリ・ジェニングズ，リナ・ジーハ，サイモン・キ
ルナーそして，後にレネ・ヴォーゲラーズというメンバーでした）。

　チームがガザ地区に入る許可を得る際の政治的困難に加えて，教えるこ
とについても悩みがありました。果たして 4 日間でどの程度，フォーカシ
ングを教えられるのでしょう。どのくらい時間が必要なのでしょう。アラ
ブ文化の中でヨーロッパ人がフォーカシングを教えることは可能なので
しょうか。PTC の援助ワーカーはこうした「西側」の手法を受け入れて
くれるでしょうか。

　結局，アイリッシュ・クエーカー（IQFA），ブリティッシュ・クエー
カー，国際フォーカシング研究所からの資金援助もあり，2011年と 2013
年にそれぞれ 4 日間のワークショップを 1 回ずつ行うことができました。
ワークショップとワークショップの間は，モハメドがアラビア語に翻訳し
た教材や，たくさんのスカイプ通話を通じて支援を行いました。モハメド
は実施前・実施後の評価を行うためのツールを開発し，フォーカシングが
確かにストレスを低減したことが確認されました。この発見に勇気づけら
れたモハメドは，フォーカシングをさらに継続することにしました。チー
ムの一人であるガーダ・ラドワンは，フォーカシングがどのように人々を
援助できるかをしっかりと理解して，PTC におけるフォーカシングのプ
ロジェクト・リーダーとなりました。彼女はボランティアや職員の研修を
行い，これまでに 1,700人を育てています。

　ある文化において，その文化に応じたコミュニティ・ウェルネスのワー
クブックが作成されるのは素晴らしいことです。しかし，それは突然起こ
るわけではなく，それに先だってある文化から別の文化への移行が少しず
つなされているのです。例えば，フォーカシング・チームの一人，ジェ
リー・コンウェイは，アフガニスタン人向けに改良した私のコミュニ
ティ・ウェルネス・フォーカシングのことを知っていました。彼は，2005

年に私と共に12週間をアフガニスタンで過ごし，ダリー語のワークブックの作成に協力してくれました。彼はパレスチナ人のために用いたスキルのいくつかを紹介し，参加者はそこから自分たちにも使えるものを選びました。試してみて，ダメだったアイデアもあり，さらに応用されたアイデアもありました。ワークには変更が加えられ，アフガニスタン向けのプログラムが作成されました。それは，彼らの文化とつながりがあり，彼らの状況にふさわしいプログラムでした。

　例えば，イスラム教スンニ派を含むガザ地区のアラブ文化は，イスラム教神秘主義者のスーフィを受け入れていません。ですので，この地域でワークを紹介する際，パレスチナ人は，ルーミーの詩よりもコーランやハディース[15]からの引用を選びました。彼らは，自分たちの心に響く，内側の気持ちに触れる格言を使用しました。

　ルーミーの詩を使って「ゲスト」の考え方を紹介することができなかったので，代わりに，一人は「参加者」役，もう一人は「気持ち」役を演じるというスキットを用意しました。「気持ち」に出会った「参加者」は，カフェで一緒に座りましょう，と誘い，「気持ち」に何を言いたいのかな，と尋ねる，といった調子で進み，フォーカシングの5つの段階を進めます。最後はありがとうとさようならで終わります（フォーカシング・セッションの5つのステップについては，第8章を参照）。

　参加者は，自分の気持ちになかなか触れられませんでした。生き延びるためには気持ちを無視しなければならなかったからです。気持ちと考えの違いを理解するには時間が必要だったため，このテーマは何度も話し合われました。鍵やテディベアなど，特に個人にとって象徴的意味を持つようなものを手に持つと，感じることがしやすくなりました。乾燥した小枝，その次に，生きた小枝を曲げてみるというワーク（ワーク9A）では，曲げることと壊すことの違いが分かりやすかったようなので，この感覚を使ったエクササイズを，参加者全員にやってもらうことにしました。

　ジェリー・コンウェイは，「フォーカシングのいいところは，それがセ

訳注15）イスラム教預言者ムハンマドの言行録。

ルフヘルプのプロセスであるということ。これが心理社会的サービスをあまり受けられない地域では生きてくる」と述べています。「フォーカシングとは，人が元気な状態を保てるようにする，レジリエンスを育む方法です。ガザ地区でこのときにわかったのは，大きなトラウマを抱えていると，気持ちを感じてみるのが難しいということでした。気持ちに直接入り込んでいくことはできない…………それでも，コミュニティ・ウェルネス・フォーカシングでは，安全に，圧倒されることなく，気持ちに触れることが可能なのです」

もっと知りたい人のために

パレスチナ・トラウマ・センター（Palestinian Trauma Centre）：

　http://en.ptcgaza.com/

　http://www.ptcuk.org/

ガザ地区のフォーカシングに関するパレスチナ・トラウマ・センターの動画（10分，英語字幕付き）：

　https://www.youtube.com/watch?v=Vu6mUJb9TCk&feature=youtu.be

ワーク9A　乾燥した小枝，生きた小枝

注：このワークは，「ワークショップの導入とファシリテーション（第2章）」の後や「レジリエンスの物語（第5章）」の導入としてなど，ワークショップのあらゆる場面で活用することができます。ここでは，他のワークを開始する前の段階で，グループに「レジリエンス」について簡単に説明するために使用します。

目標：この章では，参加者は

1．自分が，あるいは自分のコミュニティがすでに持っているレジリエンスのスキルを明らかにします。
2．自分自身や他者の即時的・長期的なストレス反応を理解します。

用意するもの：デモンストレーションでは，乾燥した小枝（必ず，3，4回曲げたら折れそうなものを用意してください），生きた小枝（いくら曲げても折れないもので，曲げても元の状態に近い形状に戻るもの），フリップチャートか何か表面に書くことができるもの，筆記用具を用意しておいてください。全員が体験するには（バリエーション参照），参加者全員分の乾燥した小枝と生きた小枝，そしてうまくいかなかった場合に備えて余分に数本の小枝を用意してください。

時間：20〜30分

＊＊＊

実演

　ファシリテーターは乾燥した小枝の両端を持ち，参加者に自分たちのコミュニティで発生したストレスを挙げてもらいながら，少しずつ強めに曲げていきます。3，4回繰り返すと，枝は折れてしまいます。グループ

には，「ストレスに圧倒された人に起こるのはこんな感じです。自分のコミュニティの誰かがストレスで参っているな，と気づくのはどんなときですか？」と問いかけます。参加者が最近目撃したストレス反応の例を集めてください。

　ファシリテーターは今度は生きた小枝の両端を持ち，参加者にストレスの原因を挙げてもらいながら，少しずつ強めに曲げていきます。ストレスの原因を列挙するのが終わったら，片方の手を放し，小枝が再びまっすぐになる様子を参加者に見てもらいます。

　グループには，「レジリエンスとは，状況が悪化したときでも前に進み続ける能力のことです。みなさんが持っているレジリエンスの力は素晴らしいです。みなさんは日々のストレスへの効果的な対処法をたくさんご存知です」と伝えてください。

バリエーション

　各ワークは，それぞれの文化や状況によって変更する必要がありますから，バリエーションを考えておくことをお勧めします。ガザ地区では，参加者全員が，乾燥した小枝と生きた小枝の両方を体験するのが有効であると感じました。全員がやってみることで，一人一人が，折る感覚と曲げる感覚の両方の身体的な感覚を体感することができたからです。からだでつかんだ感覚は忘れませんし，そのメッセージを生活の中に取り入れやすくなります。

小グループでのディスカッション

　大きなグループを小さなグループに分け，自分たちのコミュニティで，健康であり続け，大変なときを切り抜けるのに役立ったと思ったことについてのリストを10分ほどの時間で作成してもらってください。それから，大きなグループに戻って全体リストを作成してもらいます。以下は，思いつかなかった参加者がいた場合に紹介する項目の例です。参加者には，グループのリストを書き写して持って帰ってもらい，これらのスキルを思い出せるようにしてもらいましょう。

```
┌────────────────────────────────────────────────────┐
│        大変なときを乗り越えるのに役立つことのリスト例        │
│ • 目標を持つこと                                       │
│ • リソースを見つけ，クリエイティブに考えること              │
│ • 家族や友だちと話すこと                                 │
│ • 他人を助けること                                      │
│ • 他人に親切にすること                                   │
│ • よかったことを思い出すこと                             │
│ • 状況がよくなるビジョンを思い描くこと                     │
│ • 圧倒されることなく，ポジティブとネガティブの両方の感情を持 │
│   つこと                                               │
│ • 聖なる力を信じること                                   │
└────────────────────────────────────────────────────┘
```

トレーナーへの注意

　自分がレジリエンスを発揮していたときのポジティブな例について話し合っていると，人は，これまでこんなリソースに助けてもらった，それがすでに自分にはあった，ということに気づきます。また，レジリエンスを発揮するのが難しかったときのことを話すかもしれません。これらの例に対しては，思いやりと優しさをもって耳を傾けましょう。

ワーク9B　ふつうのストレス反応

目標：このワークでは，参加者は，一般的なストレス反応について理解
し，長期的なストレスが感情，身体的健康，行動に与える影響について話
し合います。このワークではストレス反応があっても問題がないというこ
と，そして，それは誰にでも生じるごくふつうの反応であることを理解し
ます。ストレス反応は自分だけのものではないと知るだけで，ストレスが
和らぐことがよくあります。

用意するもの：フリップチャート，紙，マーカー，テープ，本章末尾のハ
ンドアウト9A（講義終了後に配布する）

時間：40分

＊＊＊

A. ディスカッション

質問していくことから始めます。

- 自分あるいは家族の誰かで，頭痛に悩まされている人は何人います
か？
- 自分あるいは家族の誰かで，睡眠障害に悩まされている人は何人いま
すか？　寝付けない，あるいは，寝付けても数時間後に目が覚めてし
まって，それから眠れないなど。
- 自分あるいは家族の誰かで，胃痛や胃の疾患に悩まされている人は何
人いますか？
- 自分あるいは家族の誰かで，からだの痛みに悩まされている人は何人
いますか？
- 自分あるいは家族の誰かで，高血圧や心臓病などの心疾患に悩まされ
ている人は何人いますか？

- 自分あるいは家族の誰かで，鎮痛・ストレス・睡眠用の薬を日頃から
  飲んでいる人は何人いますか？

グループの多くの人が挙手をするか，これらの問題を抱えていると言う
でしょう。こうした症状がいかに一般的であるかを強調し，こういった症
状がストレスの一般的な兆候であることを伝えてください。

B. プレゼンテーション

からだがいかにストレスに反応するのか。

ストレスは，生活においてごく当たり前のものだと伝えてください。ス
トレスがなければ，からだや心は衰えてしまいます。宇宙飛行士は，宇宙
では無重力ですが，その状態は宇宙飛行士の骨や筋肉にとっては問題です。
ある程度のストレスや重量は，元気であるためには欠かせないものなので
す。

ストレスへの健康的反応：
- 戦う―危険から身を守る
- 逃げる―危険なエリアを去る
- 身動きできなくなる―危険から隠れる

ストレスによって以下のような結果がもたらされれば，それはストレス
によるプラスの効果であると言えます：
- 以前の状態に戻れる
- 適応力の増大

しかし，以下のようにストレスがマイナスの結果をもたらすこともあり
ます：
- 情緒不安定
- 身体的疾患
- 心身症

ストレス初期の身体的症状とは

- 心拍数の上昇
- 血液量の増加
- 血圧の上昇
- 血液が末梢部や消化器官から，闘争や逃走のために必要なより大きな筋肉へと流れることによる手足の冷え
- 瞳孔拡大（過敏および緊張状態の視野）
- 聴覚過敏

長期的反応として可能性のあるもの

- 消化不良
- 成長と組織修復の遅延
- 免疫システムに問題が生じ，病気を引き起こす
- 炎症反応により，苦痛，痛みが生じる

ストレスの影響

- 環境：「周囲からどのような影響を受けていますか？　ストレス状態では，あなたの行動はどう変わりますか？」
- 身体：「からだはどのような影響を受けていますか？　からだの中ではどのような変化が起こりますか？」
- 考え／感情：「ストレスにより，状況や問題の見方にどのような影響が出ますか？　どのような感情が出てきますか？」

トレーナーへの注意

　このワークの説明を行う際には，各セクションの初めに参加者自身の経験について質問するなど，「講義」スタイルを若干崩してもよいかもしれません。例えば，ストレスが及ぼすいい影響について知っていますか，など尋ねてみてもよいかもしれません。自分はこうだった，または他の人はこうだった，などの例が出てくるかもしれません。ストレスがもたらすよ

くない反応とはどんなものでしょうか？　また，その例も挙げてもらいましょう。

　説明のあと，本章最後にあるストレスの結果に関するハンドアウト9Aを配布してください。もしくは，その情報を書いたチャートを作成し，ストレスが私たちの行動・身体・感情・考えに及ぼす多くの影響を確認しつつ，グループで1つ1つ一緒に見ていきましょう。参加者が予備知識なしの新鮮な状態で説明を聞くことができるよう，チャートやハンドアウトはディスカッションの後に見せることをお勧めします。

C：ストレスへの文化的反応に関するディスカッション
　グループ全体に以下のポイントを伝えます。
- 何をストレスと考えるかは，文化によって異なる
- どのようにストレスに対処するかも文化によって決定される
- ストレスとは文化・環境・個人のパーソナリティの相互作用である

　参加者を3〜5人の小グループに分けます。各グループに紙とマーカーを渡し，以下の課題を与えます。
- グループ1は次の内容について話し合ってリストアップします。
  - ○ストレスに対する男性の情緒反応
  - ○ストレスに対する男性の行動の反応
- グループ2は次の内容について話し合ってリストアップします。
  - ○ストレスに対する女性の情緒反応
  - ○ストレスに対する女性の行動の反応
- グループ3は次の内容について話し合ってリストアップします。
  - ○ストレスに対する高齢者の情緒反応
  - ○ストレスに対する高齢者の行動の反応
- グループ4は次の内容について話し合ってリストアップします。
  - ○ストレスに対する子どもの情緒反応
  - ○ストレスに対する子どもの行動の反応

小グループのワークが終了したら，作成したリストを壁に貼ってもらい，各グループの代表に発表してもらいます。

　発表の最後に，ストレスに共通する特徴についてまとめます。また，ストレスを受けると一般にこのような反応が起こる，ということを知っておくと，家族やコミュニティで心理社会的サポートを必要しているのは誰か，ということに気づきやすくなるということを強調してください。行動の変化は，トラウマを受けていることを示している可能性があります。自分のコミュニティで気づいた例を挙げてもらいましょう。

トレーナーへの注意

　多くの国ではストレスの症状は理解されていません。心拍が上がっていることや不眠が「ふつうの」ストレス反応であることが分かると，それだけでも参加者にとっては大きな安心となります。

　実際には「異常な」ストレス反応というものは存在しません。何より反応は，人によって大きく異なります。さらに，どんな反応や感情も，少なくとも初期の段階では，しかるべき目的があるのです。

　ここで，第3章のハンドアウト3A「ふつうを定義する」を確認しましょう。ここでは，何が正常か，が個人や文化間で大きく異なることが示されています。例えば，ある文化では感情のコントロールが重視されますが，別の文化では，感情を表現することが重視されます。ワークショップ参加者の文化では，何がふつうと見なされていますか？

ワーク9C　ロールプレイ

目標：「感情の応急手当」つまりフォーカシング型リスニングによってストレスが緩和されることを体験します。

用意するもの：なし

時間：20分（ペアまたは三人で行うときはプラス10分）

＊＊＊

準備

　グループを2人のペアまたは3人のグループに分けて，A，B，Cの担当を割り振ります。Aは問題を抱える人，Bは聴き手，C（3人グループの場合）は時間を計ってコーチの役をします。5〜10分間で，取り上げる架空の問題を決めてもらってください。

実演

　練習なしで，5〜6分間，ロールプレイをしてもらいます。台詞はアドリブで，その場で考えてもらいます。ただし，筋書きはみんな同じです。初め，Bは聴き手をうまくこなせません。すると途中で，問題を抱えたAが「聴いてないでしょ！」と言います。これを合図に，Bさんは態度を変え，第8章で説明したフォーカシング型のじょうずな聴き手になります。

ディスカッション

　各ロールプレイが終わったら，へたな聴き手とじょうずな聴き手をどのように表現したかを中心に取り上げます。聴いてもらうことでストレスが和らぐということを強調します。ただし，各ディスカッションの時間は長すぎないようにし，ロールプレイの体験自体から学んでもらうようにしま

す。

　すべてが終わったら，全体でのディスカッションを開始し，コメントします。

ハンドアウト9A：ストレスの結果

ストレスは私たちにどのように影響するでしょう。ストレスへの初期反応には次のものが含まれます。
- 心拍数の上昇
- 血流の増加
- 血圧の上昇
- 血液が末梢部や消化器官から，闘争や逃走のために必要なより大きな筋肉へと流れることによる手足の冷え
- よく見えるよう，瞳孔が拡大する
- 聴覚過敏

ストレスが続くと上記の反応が継続し，以下に悪影響を及ぼすことがあります：
- ●行動面
  - 不眠，悪夢，その他の睡眠障害
  - 疲労
  - 手を握るなどの神経性チック
  - 過呼吸
  - リラックスできない，落ち着かない，ソワソワ感，右往左往する
  - 泣く
  - 体重の増加または急激な減少
  - 仕事の効率低下
  - 無謀さ
  - 喫煙や薬物の摂取増加，またはギャンブルの増加

- ●身体面

- 過覚醒
- 過度の緊張
- 頭痛
- 筋けいれん，肩・首・背中の痛み
- 消化不良や吐き気
- 口内の乾燥
- 息切れ
- 動悸
- 手足の冷え
- 身体の痛み

●考え／感情面
- ショック，恐怖，怒り
- 罪悪感
- 不信感
- 悲嘆
- 易怒的
- 無力感
- 発達初期段階への退行
- 混乱または歪曲
- 自責感
- 侵入思考
- 自尊心／自己効力感の低減
- 集中力の欠如

第10章

内的なバランスを見つける

　フォーカシングを通じて困難な感情と向き合うことで，参加者は内的な
バランスを手に入れることができます。この章におけるワークは内的なバ
ランスを手に入れることを促進するものですが，セラピーのためにデザイ
ンされたものではありません。フォーカシングは自分の問題について語ら
せようとするものではありません。むしろ，自分が持っているリソースに
気づきやすくするよう，ポジティブ心理学の技法を用います。

　ポジティブ心理学の創始者でリーダーの一人でもあるクリス・ピーター
ソン博士は，ポジティブ心理学という学問は，人生を価値あるものにする
科学的研究だと説明しています。心理学は弱みを研究するだけなく強みに
ついても取り上げ，最悪の状態を修復するだけでなく，最高の状態を手に
入れることにも寄与できるのです。ポジティブ心理学の技法は，科学的な
方法を通して検証されています。その主な発見の１つは，「よい生き方」
は教えることができるということです。

　ポジティブ心理学が私たちの感情，特に問題のあるものについてどのよ
うに説明しているのかを見てみましょう。科学的には私たちの感情は７か
ら 15 の基本的な感情に分類されています。私たちはこれらを組み合わせ
て，感情体験を緻密に変化させているようです。ネガティブな気持ちを排

除しようとすると，私たちの経験の多様性やこまやかさまでもが知らず知らずのうちに制限されてしまう恐れがあります。ポジティブな気持ちを増やす努力をすることでネガティブな気持ちを消してしまうことができるかもしれませんが，ネガティブな気持ちを抑圧することはよい方法とは言えません。ネガティブな感情を抑圧することはポジティブな感情も抑圧してしまうことにもつながります。ポジティブな感情とネガティブな感情のバランスをとるにはどうすればよいでしょうか。

　ポジティブ心理学では，すべての感情にポジティブな価値を見出そうとするため，私は本当の意味ではどんな感情もネガティブなものではないと教えています。恐れや怒りがあるのはありがたいことなのです。そういった反応が起こることには意味があるのです。どんなテーマでクラスを行っていても，私はそれぞれのクラスをポジティブな雰囲気で終えるようにしています。私は，参加者が問題や貧困，災害，戦争に直面していても，自分は「ちゃんと」やっているのだ，ということを忘れずに，それぞれの生活に戻ってほしいと考えています。私は彼らにどうやって健康な気分を保っているのか，また社会的なつながりは役に立っているのかどうかを尋ねます。この２つに注目することで，参加者は，心理社会的な健康を促進したり損なったりするものは何なのか，をはっきりさせることができます。しかし，最終的には常にポジティブな話に戻ってディスカッションを終わりにします。

　以下のアメリカンインディアンの『２匹の狼』の物語はこのバランスについてのものです。

　あるチェロキー族の老人は孫に人生について教えていました。「争いは自分の中で起きているんだよ」と老人は孫に言いました。「その酷い争いは２匹の狼の間で起きている。一方は邪悪な狼で，その狼は怒り，羨望，悲しみ，後悔，貪欲さにまみれ，傲慢で，自分を憐れんでいて，罪悪感を抱え，憤り，劣等感を持ち，嘘をつき，偽りの誇りを抱え，優越感に浸り，うぬぼれている。もう１匹の狼は善良な狼で，その狼は喜び，平和，愛や希望に満ち，穏やかで，謙虚で，親切で，優しく，

共感的で，寛大で，真理であり，情熱的で，誠実だ。同じような争い
はお前の中にも，他のみんなの中にも起きているんだよ」

　孫は少し考えて，祖父に「どっちの狼が勝つの？」と尋ねました。
老チェロキーは，「自分が育てている方だよ」と短く答えました。

　ポジティブ心理学を実践し，フォーカシングを進めていくうちに，私た
ちは怒りや「悪い」とされる感情が，何か大切なものに気づかせてくれる
ことを知ります。私たちはネガティブな感情からも学ぶことができます。
だからといってそうした感情を育む必要はありません。私たちは日々，生
活の中にあるよいことを心に留めるようにしましょう。

　メキシコのチャカラでの３週間の滞在の間，私はある夜のセッションで
コミュニティのレジリエンスのさまざまな側面について教えるように依頼
されました。ホーフステッド・センターの研究では，メキシコでは上下関
係が強いことが示されています（http://geert-hofstede.com/mexico.html
参照）。「上下関係」とは，権力の上下が存在し，下の者は指示に従うこと
に慣れているということです。自分自身の内なる知恵を信頼してください，
という私のメキシコでの短いワークが，驚くほど役立つと喜ばれたのは，
このことが理由なのかもしれません。

　ある夜のセッションの前に，民間の放課後プログラムの見学に誘われま
した。監督者によれば，子どもたちはいつも疲れているとのことでした。
彼らは学校で，とても暴力的で，聞く耳を持たない教師と過ごしていまし
た。家庭でも同じような状況でした。大概は貧しく，扱いにくい子どもた
ちでした。

　監督者と私，そして５人のメキシコ人のフォーカサー，プログラムに従
事するサイコロジストが月曜日の午後のプログラムを一緒に過ごしました。
２人のフォーカサーはこの状況に共感し，再度訪ねることを希望しました
が，残りの３人にとっては苦痛だったようでした。実際に，一人の女性は
家に帰ってしまいました。

　宿題を手伝うために雇われていた放課後プログラムの教師が，子どもの
発達や，家庭やコミュニティで暴力に曝された子どもたちをどう支援した

らよいかを知らなかったことは明らかでした。教師たちは，不適切な振る舞いをする子どもたちを無視したり，怒鳴りつけたりしていました。有能なサイコロジストが週に2回来ていましたが，彼女の手に余る状況でした。子どもたちは周囲とかかわることを拒絶したり，暴力的になったりするなど，さまざまな方法で行動化していました。子どもたちの一部は，助けを拒否したり，他の子どもを叩いたり，敷地外に出ていって隠れたり，という子どもなりのやり方で，助けを求めていました。

　私たち8人は，保護者や教師向けのプログラムを作りました。フォーカシング・チームは，ポジティブな子育てサポートを行うためには，フェルトセンスや内なるからだの知恵を全員に感じてもらうことが最も役立つと考えました。そして，恐怖を感じながら教育を受けているときと，愛を感じながら教育を受けているときは，どんなふうに違って感じられるかについて感じてもらうことにしました。次の2つの理由から，ここでは教育という表現を使うことにしました。1）私たちが支援しているのが放課後プログラムであること，2）「しつけ」という言葉は，彼らの子育てを批判するものと見られてしまうかもしれず，私たちはポジティブであり続けたかったからです。

　水曜日の夜，私たちは3名の男性を含む28名もの大人の出席を得ました。2人のメキシコ人のフォーカサーが授業を担当しました。最初に，全員に静かに目を閉じて，恐怖を感じながら教育を受けていることを思い出したときのからだの感じに注意を向けるように伝えました。誰一人としてフォーカシングを知っている参加者はいませんでした。ゆっくり時間をとり，内側を確認するための声かけを行い，恐怖をからだのどこで抱えているかを確認してもらいました。そして「何が浮かんできますか」と質問しました。すると，参加者は，フェルトセンスや，そのもととなった記憶について語り始めました。大人数のグループでしたが，彼らは気兼ねなく「酷い。自分がバカになったような感じがする」というような感想を分かち合いました。

　「では，目を閉じて愛を感じながら教育を受けることをイメージしてみましょう。誰がそうしてくれたのですか？　あるいはそれはどのように感

じられたのですか？」と質問すると，私は彼らのからだの違いに気づきました。笑いが浮かび，リラックスした表情をしていました。そして「自分が広がったような感じ。温かい感じがして，大事にされている感じがする」というような発言がありました。彼らは愛によって自分の子どもを教育することを話し合い，「私が気にかけていることを示すために，息子に特別な食事を作ったんです」というような具体例が挙がりました。

　その後，彼らは5人の小グループに分かれ，愛によって教育することについてより深く話し，しつけについての問題を取り上げました。それは誰かが「しなければならない」と言ったわけではなく，本当に自然に起きたのです。それはからだが持っている知恵が彼らにもたらしたものでした。素晴らしい例がいくつも浮かんできていました。その後，全体グループに戻り，小グループでのことを分かち合いました。参加者はじっくりとお互いの話を聴き，また自分自身の内なる声にも耳を傾けました。

　その後，グループは活気づきました。「今度はいつですか？　今日はたくさんのことを学んだし，うちに帰って実践してみたい」との声が上がりました。私は「家に帰って，毎晩，その一日の感謝することについて，家族で話すようにしてみましょう。やってみましょう」と伝えました。彼らはワクワクとやる気に満ちていました。

　その日の夜遅く，一人のトレーナーが泣きながら私を抱きしめて，このプロセスが彼女にとってどれほど有意義だったかを話してくれました。プログラム・ディレクターは，これがコミュニティと実際に繋がりを持てた唯一のアプローチだったと述べました。「私はいろいろなアプローチをする人たちにここに来てもらいました。でも，これまでうまくいきませんでした。ここで活動している人と共にあなたがファシリテーターとして行ったミーティングは素晴らしいものでした。参加者みんなの顔がほんとうに幸せな表情になったのを見ることができました。あなたのアプローチは全員が参加しやすかったし，難しくなかったし，できないかも，という不安にもならずにすみました」と彼女は言いました。サイコロジストは，保護者が「次はいつですか？」と尋ねてきたことを報告してくれました。

　私はそれまでメキシコに行ったことがなく，言葉も話せませんでした。

そこで行われたコミュニケーションは，心を通じて伝えられた言葉でした。私はその一晩だけしか地域の人と過ごせませんでしたが，（それが何かということを説明しなくても）私たちはフォーカシングすることができましたし，フォーカシングによって参加者は自分の感覚を信じることができるようになりました。私たちは恐怖によるネガティブな経験と，愛によるポジティブな経験とがどのように似ているのか，どのように違うのかを比較しました。そして参加者がすでにさまざまな解決方法を持っていることを知ってもらいました。最後に私たちは感謝の大切さを強調して終了しました。

　私は，ワークショップで感謝を強調することが，ポジティブな感情を生み出す最も手っ取り早い方法の１つであることに気づきました。感謝は私たちの生活の中にあるポジティブさに注目するための方法として広く知られています。以下のワークでは，ネガティブとポジティブのバランスについての視覚的なグラフィックを作成しますが，子どもにも使えるくらい簡単なものです。手持ちの材料を使って，簡単な天秤を作成します。天秤の一方には彼らの生活の中にある痛みを伴う気持ちや問題を載せます。それを象徴するような小石や豆を使います。もう一方には恵みやポジティブな資源が載せられ，同様にそれを象徴するような小石や豆を置きます。参加者は覚えているネガティブなことについて，片側に１つの小石（もしくは豆）を置きます。また，ポジティブなことがあれば，反対側に小石（もしくは豆）を１つ置くようにします。私は長年の経験で，ネガティブ側がポジティブ側よりも重くなるケースはあまり聞いたことがありません。ほとんどの場合，このワークは大きな希望と癒やしを与えてくれます。

＊＊＊

もっと知りたい人のために：

A Primer in Positive Psychology, Christopher Peterson（Oxford University Press, NY, 2006）：クリストファー・ピーターソン（著）宇野カオリ（訳）『ポジティブ心理学入門：「よい生き方」を科学的に考える方法』春秋社，

2012

Pursuing the Good Life: 100 Reflections on Positive Psychology, Christopher Peterson（Oxford University Press, NY, 2013）

クリストファー・ピーターソン（著）宇野カオリ（訳）『幸福だけが人生か？ポジティブ心理学55の科学的省察』春秋社，2016

ワーク10A　感謝のバランス

目標：感謝しているものと，そうでないものとのバランスをとることによって人生のいろいろな部分の重みを計り，将来への希望を育みます。

用意するもの：棒，紐，丸い布か紙コップ。袋やカップに入れるための小石または乾燥した豆

時間：45分

＊＊＊

　ワークの目標を説明します。心理的に健康であるためには，将来への希望を持つことが必要です。最悪の状況であっても，私たちの生活の中にはよいこともあることを認識する必要があります（第5章のレジリエンスの例について紹介してもよいでしょう）。
　参加者を4～6人のグループに分けます。

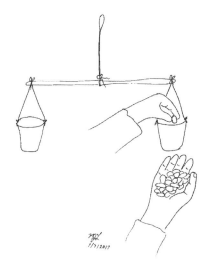

それぞれのグループに自分たちの生活の中にあるよいことと困難なこと
の重みを測るための天秤を作るように伝えます。

- 各グループには30センチ程度の棒，3本の紐，2つの紙コップ（も
  しくは2枚の丸い布と針と糸），小石または乾燥した豆。
- もし，布を使う場合には，丸い布の端をぐるっと縫ってから，糸を
  引っ張り，2つの袋を作ります。豆や小石を入れるための開口部を残
  しておきましょう。
- 同じ長さの紐を使い，コップや袋を棒の端に結びます。
- 棒の真ん中に3本目の紐を結び，それを吊り下げたときにバランスが
  とれる位置に調整します。

「天秤」の作成が終わったら使い方を説明します。

- 他の参加者が見守る中で，それぞれの参加者に順番に回します。
- 順番が回ってきた参加者は，まず自分の人生のネガティブな，あるい
  は困難な出来事は何かを言います。
- そして，その出来事のそれぞれについて，カップの中に小石（あるい
  は豆）を入れていきます。このとき，他の人は誰も手伝ってはいけま
  せん。
- 次に，感謝していることについても同じように，反対側のカップに小
  石（あるいは豆）を入れていきます。このときにはグループの他のメ
  ンバーも手伝ってあげましょう。

　子どもも大人も，誰もが生活の中で起きたことによい反応と悪い反応の
両方を持っているのだ，ということを伝えましょう。天秤は通常，ポジ
ティブな方に傾きます。もし，そうならなければ生活の中にあるポジティ
ブなことについて話し合います。おそらく，よりよいバランスを見出すこ
とができるはずです。
　すべての作業が終了したら，以下の質問に従ってグループ・ディスカッ
ションを行います：

- 天秤はどちら側に傾くと思いましたか？

- 実際にはどちらに傾きましたか？
- あなたのコミュニティではこの天秤をどのように使えるでしょうか？

トレーナーへの注意

　通常，小グループで順番が回ってきた人が自分の人生の困難やネガティブな部分を整理する間は周りに静かにしていてもらいますが，ポジティブなことについては積極的に参加し，提案してもらうようにしています。

　めったにないことですが，天秤がネガティブな方に傾いているときは，ポジティブなことを思い出して「プラス」の方向に小石を追加できるよう，追加の質問をすることがあります。困難な状況であっても，希望やよいことがあることを知ってもらえるようにしましょう。

ワーク10B　愛ある教育／しつけ

目標：親や教師に，自分が子どもの頃に，よい養育やポジティブな教育を
どんなふうに感じていたかを思い出してもらいましょう。

用意するもの：紙とペン（またはフリップチャートとマーカー）

時間：45分

＊＊＊

　このワークの目標を説明します。これから３つのワークに取り組むこと
を参加者に伝えます。まず，子どもの頃に恐怖の中で教育を受けたときの
ことを思い出してもらいます。次に，愛を感じながら教育を受けたときの
ことを思い出してもらいます。３つ目のワークでは，３〜５人の小グルー
プに分かれて，親や保護者，教師からの愛情を感じられるポジティブな指
導法についてディスカッションすることに取り組みます。

　子どもの頃に恐怖の中で教育を受けたときのことを思い出すために，参
加者には静かに座り，目を閉じたり，視線を落としたりしながら教示を聞
いてもらいます。そして厳しいしつけの記憶を感じてみましょう，と言い
ます。

　次のように教示します。

- 目を閉じてからだに注意を向けてみましょう。最初は呼吸を意識して
  みましょう。深く，ゆっくりと息をしてみましょう（10秒ほど間をと
  る）。
- ゆっくり，静かにあなたの注意を床に触れている足に向けてみましょ
  う。今，そこはどんな感じがするでしょうか（間をとる）。
- 注意をゆっくりと足から膝に向けていきましょう。膝はどのような感
  じですか（間をとる）。

- では，今度はからだがどのように椅子に座っているかに注意を向けてみましょう。椅子はどんなふうにあなたの体重を支えてくれているでしょう。それをあなたは今，どんなふうに感じていますか（参加者がこの感じをからだで感じられるように間をとります）。
- 手や腕に注意を向けてみましょう。そして，今どんな感じか，できるだけ深く感じてみましょう。

  肩や首の感じを感じる時間をとってみましょう（間をとる）。
- 頭の後ろ，頭の上，顔を感じてみましょう（間をとる）。
- では，呼吸に注意を戻しましょう。呼吸の仕方を変える必要はありません。そのままの呼吸に気づいていきます（間をとる）。
- 親や親戚，先生から恐怖を感じるような教育やしつけを受けたときのことを思い出してみましょう。そのときの周囲の状況や，どんなふうだったのかを思い出して，あなたにとってどんな感じだったのかをイメージしてみましょう（間をとる）。
- どうでしたか？　少し時間をとりますから，ストーリーの詳細を思い出してみてください（1分，時間をとります）。

次に，以下の作業に時間をとります。
- その人はどんな行動をとったのか，思い出してみましょう（間をとる）。
- それが恐怖にもとづいた行動だと，どうして気づいたのでしょう（そのときどう感じたのかを思い出してもらうために時間をとります）。
- その記憶を思い出しているとき，あなたのからだはどんな感じなのかに注意を向けてみましょう（間をとる）。
- 思い出しているとき，からだのどこに恐怖があるかを感じてみましょう（間をとる）。
- それをしっかりと感じ，それにぴったりな言葉やフレーズ，ジェスチャーを探すための時間をとりましょう。
- 目を開けてください。

数人の参加者に彼らの経験を話してもらいましょう。そのとき，

- それが恐怖による行動だとどうして分かったのかを説明できるかどう
  か，尋ねてみましょう。
- からだはどのような感じだったかを話してもらいましょう。

　次の記憶についてです。愛を感じながら教育を受けたときの記憶につい
ては，このワークの1つ目の教示を最初から繰り返し，注意をからだに向
けてもらうようにします。その後，以下の教示を行います。
- 親や先生，その他の大人から愛情のある教育やしつけを受けたとき，
  あなたにとってそれはどんな感じだったのかを想像してみましょう
  （間をとる）。
- それはどんな感じだったのか，感じてみましょう。ストーリーを思い
  出すために時間をとりましょう（1分，時間をとります）。

以下の作業に時間をとります。
- あなたの親や先生，保護者がどのように行動したかを思い出してくだ
  さい（間をとる）。
- どのようにしてそれが愛にもとづいた行動だとわかったのでしょう
  （そのときどう感じたのかを思い出してもらうために時間をとります）。
- それを思い出しているとき，あなたのからだはどんな感じなのかに注
  意を向けてみましょう（間をとる）。
- 思い出しているとき，からだのどこがそう感じるかを感じてみましょ
  う（間をとる）。
- それをしっかりと感じ，それにぴったりな言葉やフレーズ，ジェス
  チャーを探すための時間をとりましょう。
- 目を開けてください。

数人の参加者に彼らの経験を話してもらいましょう。そのとき，
- それが愛による行動だとどうして分かったのかを説明できるかどうか，
  尋ねてみましょう。
- それがからだはどのような感じだったかを話してもらいましょう。

小グループでのディスカッション

　3〜5人のグループに分かれます。フリップチャートとマーカーか，ペンと紙をそれぞれのグループに配布します。

　愛情による教育と恐怖による教育について何を学んだかについてそれぞれのグループで話してもらいます（15分）。

- そこで語られた経験から，愛情にもとづいて行われる子育ての方法と成功した子育ての方法について，知っていることをリストアップしてもらいます。
- 家庭でどのような子育ての方法を試してみたいでしょうか？

　グループがリストを作成した後，それぞれのグループの代表者にどのようなことが出されたかを報告してもらいます。

　ファシリテーターとして，愛情にもとづく，ポジティブでレジリエンスを育む子育てをサポートすることでまとめます。また，

- グループに共通するテーマを強調したり，
- リストにもっと他のものを追加するよう勧めたり，
- 家庭でできそうなことを提案したり，することもできます。

トレーナーへの注意

　グループにからだの感じを感じてもらおうとするとき，あなたも自分のからだに意識を向けるようにしてください。これは適切な間をとることに役立ちます。

第11章

体験型学習／アート

　体験型学習では，参加者は単に受動的に席に着いて講義に耳を傾けるのではなく，何らかの方法で講義に貢献することになります。こういった貢献が望ましいのは，人は実際に体験することでもっともよく学ぶことができるからです。参加者が積極的であるほど，学んだ内容をよく覚えておくことができ，実生活で応用されやすくなります。

　参加を促すカギの1つは，一人で，あるいは一緒に何かをつくることです。すなわち，アートです。何が「アート」とみなされるかは文化によって異なりますが，創造的であることがストレス緩和に一役買うことは広く認められています。もし2～3日のワークショップを予定しているなら，絵画や，作文，演劇，および音楽などのアートをワークショップに組み入れる時間が十分にあると思います。参加者はストレスを解放する方法を体験することができますし，そしてアートを通じて安全に感情を表現できます。

　マイケル・フリードマンはこのように言っています。「アートは私たちが感情とつながり，感情にどうかかわるかを助けてくれる。アートによって，人は，こころの広大な無意識，そして通常ならば埋もれて言葉にされない自己の側面を体験することができる。また，言葉にならない感情に

とっかかりを得ることができる。アートを通じて，私たちは通常は言葉にされることのない自己の側面を表現するための声を手に入れる」（ハフィントンポスト，2012 https://www.huffpost.com/entry/art-mental-health_b_1562010）。

　「創造的な表現が癒やしのプロセスに対して大きな助けとなるという考え方は，多くの異なる文化で受け入れられてきた」（ヘザー・L・スタッキーおよびジェレミー・ノーベル，American Journal of Public Health, 2010 https://ajph.aphapublications.org/doi/full/10.2105/AJPH.2008.156497）。

　アート，演劇，詩作などによって，グループは，自分の全存在の知恵を知ることができます。また，色や，かたち，動作などを用いて，まだ言葉にならない何かを表現することができます。パキスタンで行った初期の各ワークショップは3～4日をかけて行われたので，さまざまなアートの様式を試す時間がありました。私たちはセルフポートレートを描いてもらったり，感情を描いてもらったり，ロールプレイをしたり，そして生ける彫像と呼ばれる動作エクササイズを行ったりしました（これらについての説明は，国際救済委員会（IRC）のオンラインマニュアルにあります）。3日間をかけて行われたあるワークショップの最後に，参加者たちを少人数グループに分け，自分たちで作成した人形を用いた人形劇を行ってもらいました。小学校の教師たちにとって，この活動は自分たちだけでなく子どもたちにとっても満足のいく時間となりました。

　人形劇——地域によってさまざまな呼び名があるかもしれませんが——はデリケートなトピックを安全に取り扱うことができるユニークな方法です。人形劇では，参加者は，たとえ子どもであっても，扱いにくい問題を自分の事情に触れずに話せます。また，人形劇は演者にとってストレスのない方法で，視覚的アートと演劇的アートを組み合わせることができます。「俳優」はスクリーンやテーブルの背後に身をかがめているので見られることはありません。片手で人形を操り，もう一方の手で台本をめくりながら読むことができます。人形劇は，子どもも大人も一緒に楽しめますから，広くコミュニティに感情スキルを教えられる貴重なツールなのです。この

ワークショップを受けた後，一人の参加者は，子どもがまとわりついてき
たり，子どもにイライラさせられたりするときはいつでも，子どもに人形
を作らせてエネルギーを発散させるようにさせたそうです。

　このワークショップでは，ストレスを抱えた状態から，レジリエンスを
得るきっかけに出会った，という子どもたちについての劇を創作しました。
参加者たちが台本を書き，手作りで素材から人形を作り，劇の練習をし，
お互いに披露し合ったのです。この劇はレベルが高く，そのメッセージは
皆にとって励みになるものでした，参加者たちの熱意が伝わってきました。

　ある劇では，悲しみに暮れた孤独なウサギが，友人の振りをした「イカ
した」リスから勧められた薬に頼ってしまいます。それでも，その後に鳩
が手助けしてくれて，ウサギは花々と日の光の世界に戻ってくることがで
きたという物語でした。

　また別の劇では，サルマという女の子がいたのですが，休み時間に外に
遊びに行かず，教室に一人で座っている場面から始まりました。教師がそ
のわけを尋ねると，彼女は家でみんなからののしられていて，彼女のこと
を醜いと言うのだと説明しました。教師はサルマの気持ちを伝え返し，彼
女が他の子どもたちと一緒に遊んで，友だちを作れるようサポートをしま

した。

　これらの劇から，ストレスを抱える子どもを，両親と教師がどうやって助ければいいか，ということについて，丁寧なディスカッションが始まりました。また，参加者は，これらのさまざまな役割を通じて，どんな感じなのかを「体験」することができました。概念を実際に体験することによって，それを深く自分のものとすることができたのです。

　このワークショップから，参加者に実際に参加してもらうワークの工夫に気づいたのではないでしょうか。例えば，レクチャーは最小限に抑えられ，さまざまな方法でワークショップのメンバーは実際に参加するよう促されます。以下に記述する体験型学習ワークそれぞれに，どのように使うか，背景の意図があります。

A）私はよく，小グループでディスカッションしてもらいます。大グループで発言することが苦にならない人もいますが，ほとんどの人は3〜5人の小グループの方が発言しやすいです。各グループに大事なポイントをフリップチャートに書いてもらいます。小グループでのディスカッションの後，各グループに自分たちのアイデアを紹介してもらい，大グループで共有します。その後，そのリストを壁に貼りだします。ワークショップ中に追加したいことを思いついた人は自由に書いてもらいます。

　私はグループに，新しいアイデアや，ディスカッションで取り上げたのに抜けているものが何かないか，よく確認します。もしある場合には追加していきます。フリップチャートにアイデアを書きだすのは，伝え返しのようなものです——各参加者のアイデアをしっかり聴いたこと，そして受け取ったことを示す方法です。

B）私はしばしば参加者に目を閉じて内側を確認してもらい，「もっと」何かないかに気づいてもらいます。繰り返しますが，フォーカシングは講義から学ぶものではなく，体験しなければなりません。フォーカシングについて講義するのは，何かの味を説明しようとするようなものです。自分で味わってみるほうが遥かに分かりやすいですね。ですから私は，いつも抽象的な概念を説明する前に，時間をとって「内側を感じてみて」，「浮かん

できたことについての言葉やイメージを探してみましょう」と教示しているのです。

C）ブレインストーミングは「自由列挙」のプロセスで，できる限り多くの「常識にとらわれない」アイデアを捉えるためによく使われるテクニックです。グループでの作業では1つのアイデアから一人一人異なる考え方が引き出されることがあるので，リストが長くなることがあります。

ブレインストーミングは，できるだけ多くアイデアを生み出したい場合には有用です。私はよく参加者に，何でも浮かんできたことをそのままどんどん口に出して，と言います。シャイな参加者には特に発言してくれるようお願いします。時にグループ内で一人がその場を支配してしまうことがあるので，私は部屋を巡回して，（一度に一人ずつ）アイデアを聞いて回ることもあります。どんな手法を用いるにせよ，すべてのアイデアが収集され，記録されていきます。変なアイデアなどというものはありません。却下されたり批判されたりする意見もありません。すべての意見が歓迎されます。

評価をせず，より多くのアイデアを集めることで，創造的な思考が刺激されます。その後，このアイデア群を実際の利用に応じて分類していきます。分類の際は，一見「ばかばかしい」アイデアのように思われるものについてしばし考えてみることが有効です。そのアイデアの背後にある「もっと」を尋ねてみれば，ブレインストーミングの対象となっている状況へのより新鮮なアプローチが生まれることがあるでしょう。

D）もちろん，アートも使います。全員に「静かな場所」の絵を描いてもらうというような簡単なワークのときもあります。人形を作って劇をするというような複雑なワークのこともあります。それぞれの文化に，ユニークなアート表現があり，また各コミュニティでも表現は異なります。トレーナーは，活動にアート的アプローチを含めるために，文化的に安心できる方法を見つける必要があります。

コミュニティのニーズに対してこれらの章の内容を適用するときには，体験型学習活動（PLA's）を含めることを忘れないようにしましょう。それぞれの手法に意味がありますが，重要なことは，変化をつけることで

す。あまり１つのスタイルを繰り返し過ぎると参加者が飽きてしまいます。IRC はこれらのワークのリストを作成しています（ハンドアウト11A を参照）。この原則を自分のクラスに使ってみてはどうでしょう。何しろ，あなたが教えた人たちが今後，クラスを教えていくことになるのですから。

ハンドアウト11A のリストでは，ロールプレイ，寸劇，人形劇がもっとも効力があります。これらのワークでは，「俳優」はそのキャラクターを強調したり，そのキャラクターがその瞬間感じていることを経験したりすることができます。劇の公演は復習のためにとりわけ有用です。教わったことのエッセンスをまとめることができるからです。よいプロジェクトにするには午後いっぱい時間がかかることがありますが，参加者が学習したことの多くの側面について考える機会になりますし，他の人のために上演することを通じて，自分が作り上げたものをみんなに伝えることもできます。

すでにワーク9A で説明したロールプレイはかかる時間がもっとも短いです。この章では，２つの追加の演劇ワークを 11A と 11B で説明し，おまけのセルフポートレートをワーク11C で説明します。

もっと知りたい人のために

体験学習ワークについての優れた詳しいリストがマイクロ・ファイナンス・コーポレーションのサイトにあります。「体験型アクションリサーチ」のセクションを参照してください。

http://www.gdrc.org/icm/ppp/plt.html

国際救済委員会マニュアルには，以下のようなアートを用いたワークのマニュアルがあります：レジリエンスをマッピングする（p.26），生きた彫刻（p.36），感情を描く（p.63），感情のロールプレイ（p.64）。IRCマニュアルのサイトは以下の通り。

http://healingclassrooms.org/downloads/Addressing_Afg_
Childrens_Psychosocial_Needs.pdf

（訳注：このリンクは 2020年現在，削除されている。類似のマニュアル

については以下を参照。)

    https://www.edu-links.org/sites/default/files/media/file/IRC_
Creating_Healing_Classrooms_Facilitator_Guide.pdf

ワーク11A 寸劇

目標：聴くスキルを用いた「感情的な応急処置」について学びます。

時間：2時間以上

＊＊＊

方法：

- 参加者を3人ずつの少グループに分ける。話を聴くこととコミュニケーションについての物語を考えさせ，台詞を書いてもらう。この物語には感情的に動揺した人物が含まれなければならない。もう一人の人が「助けて」あげたいとき，何て言うでしょうか。助けてあげないときは何て言うでしょうか。(30分)
- 練習の時間を与える。(40分以上)
- お互いに披露する。(40分以上)
- 提起された課題についてのディスカッションの時間をとる。(20分)

トレーナーへの注意

　寸劇は人形劇の半分の時間しかかからないが，ロールプレイの倍の時間がかかることに注意。

ワーク11B 人形劇

目標：ストレスとレジリエンスについて学びます。

用意するもの：布，棒，ぼろきれ，糸，セロハンテープ，ホッチキス，カラーペン，古い赤ちゃんの服，紙

時間：3時間以上

方法：
- 3人ごとの小グループに分ける。そして，本章で取り上げたような，ストレスがレジリエンスに変化した，などのような物語を考えてもらう（30分）。台詞を書いてもらう。
- 人形づくり。これは前の日に宿題として作ってきてもらう。約束事としては，人形は自分たちの身近な手に入る材料で作ること。材料を買ってくるのは不可。
- 練習時間（30分）
- お互いに披露する。（40分以上）
- 取り上げられたテーマについてディスカッションする。（20分）

ワーク11C　セルフポートレート

目標：ポジティブな自己認識の探求をする。

用意するもの：色鉛筆，クレヨン，および画用紙

時間：30分

＊＊＊

方法

　このワークの目的を説明して，参加者に簡単に自己紹介してもらう。

- 参加者に紙と，色鉛筆またはクレヨンを配布する。
- 参加者に自分の絵を描いてもらう。絵には，自分についての好きなことを最低でも3つ書き込んでもらう。ポジティブな面に焦点を当てて，スキルや，外見，性格，または知性など。
- みんなに絵を見せる。
- このワークから学んだことについてのグループ・ディスカッションを行う。
  - ・自分の絵を説明してもらう。ポジティブなことは何ですか？
  - ・自分のポジティブな側面を説明するのは簡単ですか？　なぜ簡単ですか，あるいはどうして難しいのでしょうか？
  - ・このワークをどんなふうに共有できるでしょうか？

トレーナーへの注意

　参加者にとって自分のポジティブな側面を見つけるのは難しいかもしれません。何ができるかをあげるよりも，自分はこうだから，とか自分の「好きな」面をあげるかもしれません。十分な時間を設けることが大切です。そして，まず参加者どうしで相手のポジティブな側面を言葉にし合うとスムーズになります。

ハンドアウト11A：体験型学習

ブレインストーミング

　大人数のグループで実施されるのが一般的です。ブレインストーミングをすることによって，参加者全員が問題やトピックに関するアイデア出しをする機会となります。参加者からのアイデアや発言は，部屋の前に置かれたフリップチャートに記録していきます。目的は質ではなく量です。創造的な流れを促進するために，各個人の意見を評価することなく受け入れていきます。できるだけ多くのアイデアを集めることで，これまで気づかれていなかった新しい可能性を発見できます。

「いいですね。それから………」

　これはディスカッションまたはブレインストーミングのセッション中に行います。各個人の意見が受け入れられ（「いいですね」），そしてさらに何かを求めます（「それから…………」）。このように促すことで，ディスカッション（またはブレインストーミング）を前向きでかつ建設的なものにできます。

可視化

　静かな時間をとって，参加者がそのことにどんな感じになってほしいのかをイメージできるようにします。この内面の作業は，尊敬や満足感などの感情や態度に気づいていくためにとても有効です。また，理想的な成功のイメージや，うまくいくということが，からだでどんなふうに感じられるかのイメージを得ることができます。また，参加者がどんな達成を望んでいるかをイメージすること，計画についてからだではどう感じるかを感じてみることも可能になります。

小グループでのワーク

　各参加者が自分のアイデアを話すチャンスです。それに加えて，複雑なアイデアを分解して，グループごとに同じ問題の違う部分（または同じ課題の異なる側面）を担当してもらうことができます。

宿題

　小グループに宿題を出して，自分たちで話し合ってもらうのもいいでしょう。

日々の活動記録

　個人がその日／週／月／年に行う活動のカレンダーです。目的の1つは，ジェンダーに対する意識を持ってもらうことです——誰が一番初めに起床するのか，活動をして，誰が最後に就寝するのか。絵を描いたり文章で書いたりします。もちろん男性にこれを書いてもらうこともあります。もう1つの目的は，フォーカシングを使うのに有効な1日の時間帯を知ることです。気づきが必要な時間帯はいつなのかをマッピングしてみましょう。子どもたちが学校から帰ってきて疲れているときなどがいいかもしれません。

タイムライン

　参加者に線を引いてもらい，コミュニティの大きなイベントがあるおおよその日に，印をつけてもらいます。これまでに発生した変化についてディスカッションをします。

アートや演劇，詩作など

　これらはまだ言葉にならない何かを，からだの知恵を使って，色や，かたち，および動きなどで表現する機会となります。アート作品は特に，一日の終わりに，またはワークショップの最後にアイデアや考えをまとめるのに役立ちます。問題についていろいろな側面から眺めてみることができればできるほど，学んだことが定着しやすく

なります。

例えば

- ゲストと一緒にいるあなたの内側の場所を絵に描いてみましょう。
- コミュニティでのストレスについて，グループで絵を描いてみましょう。
- ワークショップ開始時の感じと比べて，今どんな感じがしているのか歌や詩を書いてみましょう。
- 感情の絵を描いてみましょう。色を使いましょう。
- いい登場人物と悪い登場人物を使って，ストレスについての人形劇を上演してみましょう。
- 感謝と，感謝しないことについての寸劇を上演してみましょう。
- 「聴いている」役と「聴いていない」役についてのロールプレイをしてみましょう。

第12章

評 価

　2013年，私は東京を訪問し，日笠摩子教授とその学生たちと一緒に仕事をしました。2011年の東日本大震災の大津波の被害，引き続いての福島の原発事故から生き延びた福島の人々は，放射線の被害から逃れるために避難していましたが，その人たちを対象としたワークショップを共同で開催することができました。フォーカサーや専門家を対象としたコミュニティ・ウェルネス・フォーカシングの講義から，被災者との現地ミーティングまで，さまざまな形式で行われ，大学関係者，大学院生，心理職，コミュニティのリーダー，多くの被災者など350名以上の人とかかわることができました。

　評価票によると，参加者たちの97パーセント以上がワークショップに満足を示しており，そこで学んだ考え方は日常生活でも役に立っていると回答していました。これらのプログラムの長期的な効果は，2014年9月の日本人間性心理学会第33回大会において，ラウンドテーブルで議論されました（1〜4までの4件法で3.24〜3.90）。そこで明らかになったのは，コミュニティ・ウェルネス・フォーカシングをきっかけに，フォーカシングを教えたり，トラウマを受けた人々の援助をしたりするための新しい方法が次々と生まれている，ということでした（日笠摩子・中村和徳　コ

ミュニティ・ウェルネス・フォーカシングの日本への導入の効果（1）日本人間性心理学会第33回大会プログラム・発表論文集，南山大学，2014年10月11日～13日，pp. 62-63.）

　アフガニスタンでは，コミュニティ・ウェルネス・フォーカシングの成果がそれぞれ異なる研究者たちからなる3団体から評価されています。それはアフガニスタン理学療法・リハビリテーション機構，ノア教育センター，国際救済委員会（International rescue Committee: IRC）の3団体です。次に示す結果が確認されています。

- 家庭と学校における暴力の減少
- 幸福（wellbeing）と身体的健康の回復
- アルコールや違法薬物または薬局で購入可能な（OTC）薬物への依存の減少
- 平和や和解を促進する力の向上

　コミュニティ・ウェルネス・フォーカシング（CWF）プロジェクトにおいて注目すべき点の1つは，それが自然な広がりをみせることです。国や地方のワークショップ参加者がどんどん増えています。そしてその人たちが自分のコミュニティに戻り，自分たちのスキルを実践に活かしてくれています。

　アフガニスタンで2004年から2009年の間に直接ワークショップに参加した人数は3,047名です。しかしそれだけではありません。トレーニーたちの多くが，自分の村に戻り，フォーカシングやレジリエンシー，ストレスマネジメントを学校や地域で紹介したことで，それは各家庭へと広がり，さらに何千もの人々の生活に大きな影響を与えることになりました。

　間接的に恩恵を受けた人々の人数を推定するとしたら，（私が直接教えたトレーニーたちである）3,047名に6（アフガニスタンの平均的な家族人数）を掛けた18,282名となるでしょう。また，この時期にトレーニングを受けた人たちの内2,029名は教師でもありました。それぞれの教師が毎年40名の生徒たちとかかわると仮定しましょう。そして生徒たちの多く

が，学んだことを家に持ち帰り親やきょうだいたちに教えようとすること が分かっています。学びを共有する生徒たちが4分の1に過ぎなかった としても，2,029名（教師）×10（生徒たちの1/4）×6（平均的な家族の 人数），つまりさらに約122,000名の人々が追加されます。こうした試算は 大げさだと思われるかもしれませんが，さらに別の10,000人の教師たちは， 2002年のユニセフの初期トレーニングにまで参加しているのです。そして CWFと心理社会的なウェルネスのトレーニングも継続して実施されてい ます。

　各プロジェクトの成果を評価するために，私はそれぞれの地区のプロ ジェクト・リーダーに，地域のニーズのアセスメントに基づいたグループ 独自の目標設定を行ってもらいました。その際には，コミュニティの住民 が達成したいと思っていることは何か，そしてそれが達成できたことはど こで判断するのか，を尋ねるよう言いました。関係するスキル，態度，実 践の自己アセスメントを行うために，事前と事後の比較研究デザインとし ます。可能であれば，数年以上にわたって，6ヶ月おきにこれらの結果を 測定し，持続的な変化を確認するとよいでしょう。共通の評価フォームを 使って自らのプロジェクトを評価することが，それぞれ異なるCWFプロ グラムのトレーナーたちにも役に立つ，ということも明らかになりました （ハンドアウト12A参照）。

　アフガニスタンの一人のトレーナーが作成した参加者記入式の評価 フォームは，有益な情報をもたらしてくれています（ハンドアウト12B）。 彼女の4日間のトレーニングは「心理社会的フォーカシング・ワーク ショップ」と呼ばれ，2002年の春に行われました。パキスタンに住むア フガン難民のためのIRCの女子校で働くアフガン人の教師21名が対象で， 彼女らの女子教育プログラムの一環でもありました。この評価の質問項目 への21名分の回答を集約したものを以下に示します（ダリー語からの翻 訳）。

質問1：このワークショップは効果的もしくは有用だと思いますか？ 　すべての回答は「はい」であった。

補足質問： その理由は何ですか？

参加者の回答：（複数回答のまとめ）

　　初めて知った大切なことが多くあり，ワークも興味深かったため。トピックのどれもが，普段の自分たちの生活と関係のあるものだった。このワークショップによって子どもたちの人生にも，私たち自身の人生もかなりの変化が生じたことは間違いないと思う。このワークショップに参加して，これまで子どもたちに対して適切な行動ができていなかったことを認識できた。もし教師がここで取り上げられたことや行ったワークのすべてを授業の中に組み入れたら，トラウマを体験した子どもたちを助けることができるはずだと思う。

質問２： このワークショップのどのトピックが最もよかったですか？　また興味が持てなかったものはどれでしたか？

参加者の回答：（複数回答のまとめ）

　　トピックすべてがよかったが，特に感謝の天秤，人形劇，リラクセーション，フォーカシング・テクニック，ストレス，レジリエンシー，アフガンの社会では何がふつうかという話題が，興味深く，有意義だった。このワークショップには，関心がないトピックや嫌なものはなかった。

質問３： どのトピックが難しく感じたり，もっとトレーニングが必要だと思ったりしましたか？

参加者の回答：（複数回答のまとめ）

　　大多数はどのトピックも平易で理解しやすかったと回答した。優れた技術や専門知識を備えたトレーナーたちがセッションを進めていたため，参加者たちには知識が非常によく伝わった。参加者の中には，最初はこのワークショップを難しく感じた人もいたが，後半になるにつれ難しさは感じられなくなっていた。他にも，セッション開始時には，とても難しくてついていけそうにない，トレーナーから言われることもできそうにないと思った人がいた。しかしその人たちも，でき

ないと思っていたことが実際にはできた，ということに驚いていた。

　レジリエンシーと，何がふつうかについてのワークは，はじめは難しかったが，その活動について繰り返し説明を受け，図やグラフで示されたことで明確になった。

　いくつかのトピックは難しく，もっとトレーニングが必要だと記述した参加者も多かった。それらはレジリエンシー，ストレス（とそのマネジメントの方法），アフガン社会の行動規範，そして子どもがさまざまな形で行う逸脱行為をその社会の規範に照らしてどのように判断し，どうその子どもの援助を行うかについてのエクササイズであった。

質問4：あなたの生活にこのワークショップはどんな効果がありそうですか？　例をあげて答えてください。

参加者の回答：（複数回答のまとめ）

　このワークショップは私たちの生活にとてもよい効果があると思う。例えば，人は人生のネガティブな側面ばかりに目を向けるのではなく，ポジティブなことも思い出す方がよいのだと学んだことは，考え方を変えるのに役立った。緊張状態にあったり押しつぶされそうになったりする状況でも，ストレスに対処しリラックスする方法が分かるようになった。また私たちが子どもたちに向けていた不適切な行動や態度を変えるのにも有用だった。

質問5：このトレーニングをさらに改善するために，何か提案がありますか？

参加者の回答：（複数回答のまとめ）

　参加者の中にはこのワークショップの開催時間を再検討すべきだという声もあった。毎日のトレーニングが午後2時に終われば，その日に職場で仕事をする時間ができるから，とのことであった。また，丸一日のトレーニングの参加は疲れる，特に昼食の後はクラスで集中して積極的でいることが難しい，というコメントもあった。その他に，

ワークショップの日数を増やすべきだという意見もあった。

　また，グループで行うワークは別々のものにした方がよいという意見もあった。例えば，あるエクササイズでは4つのグループがすべて（a）教師が使える活動：教師自身の心理社会的な幸福度を改善するもの，に取り組み，その次に（b）子どもたちの心理社会的な幸福度を改善するために教師が使える活動，に取り組んだ。そうではなく2グループは（a）のワークを行い，2グループは（b）のワークを行った方が，繰り返しが省略され，時間の節約になる，ということであった。

質問6：どのトピックが教師と生徒にとって重要で，役に立つと思いますか？　あなたの考えを教えてください。

参加者の回答：（複数回答のまとめ）

　すべてのトピック，特にアフガンの社会の規範，レジリエンシー，人形劇，ストレス症状とストレスマネジメント，リラクセーション，そしてフォーカシングの技術は，教師にとっても生徒にとっても重要であり役に立つものであった。これらはすべて，教師が自らの心理社会的健康を改善するために，また子どもたちの心理社会的ニーズに対してより応えられるようになるために役立つと思う。

ハンドアウト12A：トレーナーの評価票

クラス	トレーナー	日付	トピック	観察：行動の変化，主に学んだこと，興味深かった話や例も含む

ハンドアウト12B：参加者の評価票

1. このワークショップは効果的もしくは有用ですか？

2. このワークショップのどのトピックが最も興味深く，また役に立ちましたか？

3. このワークショップのどのトピックが最も興味が持ちにくく，また役に立たないと感じましたか？

4. どのトピックが難しく感じ，さらにトレーニングが必要だと思いましたか？

5. あなたの生活にこのワークショップがどんな効果がありそうですか？　例をあげて答えてください。

6. このトレーニングを改善するために，何か提案がありますか？

7. どのトピックが，あなたが一緒に働いているコミュニティ，人々にとって重要だと思いましたか？

あとがき：フォーカシング・イニシャティブズ・インターナショナルとは？

　フォーカシング・イニシャティブズ・インターナショナルは，コミュニティのレジリエンスとコミュニティ・ウェルネスに対する関心の高まりを受けて，それらをさらに推進するためにパット・オミディアンとメリンダ・ダラーが2014年に設立した非営利組織です。

　二人は，理想的なパートナーシップを作り上げたと自負しています。

　メリンダは，17年間務めた国際フォーカシング研究所のマネージング・ディレクターを辞したばかりでした。国際フォーカシング研究所では設立者のユージン・ジェンドリン博士とその妻であるメアリ・ヘンドリックス・ジェンドリン博士とともに働いていました。そして在職中に，メリンダは戦略的にもプログラム作成の面でも，大きな貢献をしています。彼女の活躍でスタッフは4倍となり，収入は8倍，そして会員数も8倍，となったのです。また世界中のフォーカサーとのネットワークを構築し，アルゼンチン，オーストラリア，カナダ，中国，エクアドル，ドイツ，イスラエル，イタリア，パレスチナ，オランダ，アメリカの国際機関との協働を成し遂げました。

　パットは30年近くにわたって，中東，アフガニスタン，日本のコミュニティで直接，体験的なワークを行ってきました。パットがトレーニングした人たちが，今度は他の人たちをトレーニングすることで，コミュニティ・ウェルネスの実践の輪が広がっています。これまでに，これら諸国で，何千人もの教師やソーシャル・ワーカーが傾聴，基本のフォーカシング，そして心理社会的サポートについての教育を受けています。

　パットとナイナ・ジョイ・ローレンスは，コミュニティ・ウェルネス・フォーカシングの理論と実践の発展において，大きな役割を果たしました。またこの分野で先駆けとなり，パットとナイナに大きな影響を与えたアナ・ウィルマンは現在，フォーカシング・イニシャティブズ・インターナショナルの理事会メンバーでもあります。

その立ち上げの時点から，フォーカシング・イニシャティブズ・インターナショナルのミッションは，戦争，自然災害，貧困，感染症，そしてあらゆる暴力および社会的不公正によるストレスに苦しむコミュニティに，リソースを提供することでした。フォーカシング・イニシャティブズ・インターナショナルは，人生を前に進める原動力となるフォーカシングの実践を，現地の文化に合う形で受け入れてもらえるよう，アレンジし，浸透させることが大事だと考えています。

私たちは，しっかりと聴くこと，現地コミュニティの人々から学ぶことを通じて，文化的な関連性を重視し，地域のリーダーシップを支援することを目的としています。さらに，地域のニーズや条件に応じて，トレーニング，個人指導，そしてフォローアップの尺度を開発しています。

フォーカシング・イニシャティブズ・インターナショナルのチームは，以下の気づきをベースとして働いています。

- 個人の健康は，そのコミュニティと直接つながっており，影響を受けている。
- 地域の課題への答えは，すでにその地域にある。
- 自分の文化が尊重されると，人は創造性を発揮する。
- フォーカシングが文化的に適切な文脈で紹介されると，フォーカシングはトラウマを抱えた人々が前に進むのを支援できるだけでなく，コミュニティ全体のレジリエンスも促進する。

フォーカシング・イニシャティブズ・インターナショナルは，このプロセスを適用できるコミュニティはどこか，を見つける努力をしています。コミュニティから直接，求められることもありますし，こちらから出向いて開始することもあります。私たちはスライディング・スケールで料金を提供しているため，ニーズが最も大きなコミュニティに行くことが可能です。

この組織の傘の下で，チームメンバーは世界中のコミュニティ・ワーカーに対する個人指導を行っています。私たちはフォーカシング，ストレスマネジメント，またこのワークブックに収録したその他の原則を教え，自分への気づき，コミュニケーション，よりよい傾聴に役立ててもらって

いよす。トレーニングを受けたスタッフが，現地のプログラムをデザインし，資金を調達し，運営するための技術的なアシストをしてくれます。フォーカシング・イニシャティブズ・インターナショナルが対象としているのは，

- 世界の地域を問わず，困難を抱えているコミュニティのメンバー
- それらのコミュニティですでに多くのプロジェクトにかかわっており，私たちのプログラムを取り入れることによって，より業務をよいものにしたいと考えている人々
- このプロセスを用いて，新しいプロジェクトを開始したいと考えている人々

どのプロジェクトも協働作業です。フォーカシング・イニシャティブズ・インターナショナルは当初の3年間，アフガニスタン，オーストラリア，ベルギー，カナダ，中国，フィンランド，フランス，ドイツ，イタリア，日本，リベリア，メキシコ，ネパール，オランダ，ニュージーランド，パキスタン，スペイン，スイス，チュニジア，イギリス，そしてアメリカにおいてクリエイティブな癒やしの業務を行っている人々との間に繋がりを作り，支援を行ってきました。

フォーカシング・イニシャティブズ・インターナショナルの目的は，各プロジェクトがリーダーシップの面でも資金の面でも，自立していけるようにすることです。フォーカシング・イニシャティブズ・インターナショナルは，それぞれがその状態になれるよう，助力を惜しみません。詳しいことについては，ぜひウェブサイトをご覧いただき，ご連絡ください。

https://www.focusinginternaional.org
メリンダ・ダラー：Melinda@focusinginternational.org
パット・オミディアン：Pat@focusinginternaional.org

◎訳者紹介　〔　　〕内は担当章

土井 晶子（どい　あきこ）　監訳者　　　　　　　　　〔第1章，第2章〕

飯嶋 秀治（いいじま　しゅうじ）　九州大学大学院准教授〔第3章〕

松本　剛（まつもと　つよし）　兵庫教育大学大学院教授　〔第4章〕

髙橋 紀子（たかはし　のりこ）　監訳者　　　　　　　　〔第5章，第11章〕

森川 友子（もりかわ　ゆうこ）　九州産業大学教授　　　〔第6章，第7章〕

吉川 麻衣子（よしかわ　まいこ）　沖縄大学教授　　　　〔第8章，第9章〕

井出 智博（いで　ともひろ）　北海道大学准教授　　　　〔第10章〕

金子 周平（かねこ　しゅうへい）　九州大学大学院准教授〔第12章〕

〔所属・肩書は執筆時〕

◎監訳者紹介

土井 晶子（どい　あきこ）

神戸学院大学心理学部心理学科教授。博士（人間科学）。臨床心理士，公認心理師。
米国The International Focusing Institute（TIFI）認定Certifying Coordinator。神戸女学院大学大学院人間科学研究科博士前期・後期課程修了。
著書に『ホールボディ・フォーカシング──アレクサンダー・テクニークとフォーカシングの出会い』（コスモス・ライブラリー）等。

髙橋 紀子（たかはし　のりこ）

福島大学子どものメンタルヘルス支援事業推進室特任准教授。臨床心理士，公認心理師。一般社団法人南相馬ひきこもり支援センター代表理事。九州大学大学院人間環境学府後期課程修了。
著書に『心理臨床，現場入門──初心者より半歩先の風景』共著（ナカニシヤ出版），『グループ臨床家を育てる──ファシリテーションを学ぶシステム・活かすプロセス』共著（創元社）等。

レジリエンスを育むフォーカシング
コミュニティ・エンパワーメントの技法

2021年3月31日　初版第1刷発行　　　　　　　　　　［検印省略］

著　者　パトリシア A. オミディアン
　　　　ディオニス・グリフィン
　　　　ナイナ J. ローレンス
　　　　アンナ・ウィルマン
監訳者　土 井 晶 子
　　　　髙 橋 紀 子
発行者　金 子 紀 子
発行所　株式会社　金 子 書 房
　　　　〒112-0012　東京都文京区大塚3-3-7
　　　　TEL 03-3941-0111㈹　FAX 03-3941-0163
　　　　振替　00180-9-103376
　　　　URL https://www.kanekoshobo.co.jp

印刷／藤原印刷株式会社　製本／一色製本株式会社